浙江中医临床名家 詹起荪

总主编 方剑乔

余 勤 主编

科学出版社

北京

内 容 简 介

本书是"浙江中医临床名家"丛书之一，介绍了浙江名医詹起荪。詹起荪教授是全国首批国家级名老中医、浙江省首批名老中医。本书共分六章：中医萌芽、名师指引、声名鹊起、高超医术、学术成就、桃李天下。重点介绍了詹起荪教授治疗儿科疾病的学术成就、学术思想及临床经验，结合具体病例展现了中医中药在儿科疾病治疗中的特色和优势。

本书可供中医临床、教学、科研人员及在校学生阅读使用，也可供中医爱好者参考。

图书在版编目（CIP）数据

浙江中医临床名家.詹起荪 / 方剑乔总主编；余勤主编.—北京：科学出版社，2019.7

ISBN 978-7-03-061743-9

Ⅰ.①浙… Ⅱ.①方… ②余… Ⅲ.①詹起荪（1919-2009）-生平事迹 ②中医儿科学-中医临床-经验-中国-现代 Ⅳ.①K826.2②R272

中国版本图书馆CIP数据核字（2019）第124227号

责任编辑：鲍 燕 刘 亚 李敬敬 /责任校对：王晓茜
责任印制：徐晓晨 /封面设计：黄华斌

科 学 出 版 社 出版
北京东黄城根北街 16 号
邮政编码：100717
http://www.sciencep.com

北京捷迅佳彩印刷有限公司 印刷
科学出版社发行 各地新华书店经销
*
2019 年 7 月第 一 版 开本：720×1000 B5
2019 年 7 月第一次印刷 印张：8 3/4 插页：2
字数：162 000
定价：58.00 元
（如有印装质量问题，我社负责调换）

詹子翔先生（詹起荪教授之父）

詹起荪教授

詹子翔先生墨宝

为发展中医蛇科事业、保障小儿健康而共同努力

为祝贺第二期蛇科刊授结业而共勉

詹起荪

一九八八年一月

詹起荪教授题字

浙江中医临床名家

丛书编委会

浙江中医临床名家·詹起荪

编委会

主　编　余　勤

副主编　盛丽先　詹乃俊

编　委　（按姓氏笔画排序）

王其莉　　韦　莉　　李国荣　　余　勤

沈志强　　竺璐婕　　周丽萍　　赵建南

盛丽先　　詹乃俊　　詹起宏

总　　序

中华医药，博大精深，源远流长。灵兰秘典，阴阳应象，穷万物造化之妙；《金匮》真言，药石施用，极疴疾辨治之方。诚夷夏百姓之瑰宝，中华文明之荣光。

浙派中医，守正出新，名家纷扬。丹溪景岳，《格致》《类经》，释阴阳虚实之论；桐山葛岭，《采药》《肘后》，载吴越岐黄之央。固钟灵毓秀之胜地，至道徽音之华章。

浙中医大，创业惟艰，持志以亢。忆保俶山下，庠序进修，克艰启幔；贴沙河干，省立学府，历难扬帆；钱塘江畔，名更大学，梦圆字响。望滨文南北，富春秋冬，三区鼎足，一校华光；惟天惟时，其命维新，一德以持，六艺互襄；部省共建，重校启航，黾勉奋发，踵武增华。

甲子校庆，名医辈出，几代芳华。值此浙江中医药大学建校六十周年之际，特辑撰"浙江中医临床名家"丛书，以五十二位浙江中医药大学及直属附属医院名医为体，以中医萌芽、名师指引、声名鹊起、高超医术、学术成就、桃李天下为纲，叙名家成长成才之历程，探名家学术经验之幽微，期有益于同仁之鉴法、德艺之精进。

方剑乔

时己亥初夏

目　　录

第一章　中医萌芽 ·· 1

　第一节　与中医的不解之缘 ····················· 1

　第二节　立志学医 ································· 2

第二章　名师指引 ·· 3

　第一节　父辈的言传身教与学术指引 ··········· 3

　第二节　名校深造 ································· 5

第三章　声名鹊起 ·· 6

　第一节　悬壶济世 ································· 6

　第二节　经验总结 ································· 6

　第三节　教书育人 ································· 9

　第四节　誉满内外 ································· 11

第四章　高超医术 ·· 12

　第一节　经验方选 ································· 12

　第二节　医案选编 ································· 18

第五章　学术成就 ·· 36

　第一节　学术思想 ································· 36

　第二节　医论医话 ································· 39

第六章　桃李天下 ·· 56

　第一节　詹起荪名中医的学术继承人——盛丽先教授 ··· 56

　第二节　家族的传承——詹起荪名中医之子詹乃俊 ··· 80

第三节 薪火相传——詹起荪名中医指导过的研究生 …………………… 92

附录一 大事概览 ……………………………………………………………… 131
附录二 学术传承脉络 ………………………………………………………… 132

浙江中医临床名家·詹起荪

第一章

中 医 萌 芽

第一节　与中医的不解之缘

　　詹起荪，浙江杭州人，出身于杭州幼科世家。詹起荪先人三世从医，曾祖父詹志飞，祖父詹起翔都是自学成医，以中医儿科为专长，名噪杭城。父亲詹子翔更以诊疾甚谨，疗效显著而颇具声誉，被称为杭城"国医"之一。詹起荪自幼生长在中医家庭的环境中，深感病家被疾病折磨的痛苦。每遇到远道而来求医的病人都会主动给他们安排座位，帮助他们解决语言不通、人地生疏等难题。有些病人为了感激詹老先生带来一些家乡的土特产，詹起荪都好言相劝让他们带回去，并再三向他们保证："无论对谁，不管是沾亲带故，还是慕名而来；是认识的，还是不认识的；是老病人，还是新病人都会一视同仁。做到详察病情，谨慎诊治。"

　　詹起荪印象最深的是有一次一位病人带来很多新病人，请詹起翔老先生看病，他说上次服了詹起翔老先生的处方后，自己多年治而未愈的病痛明显好转，于是村里的人都跟着他来杭州看病。还说西医多年诊治解决不了的顽疾，竟然被中医治愈了。这事在詹起荪幼时的心灵中种下了立志学中医的种子。父亲詹子翔先生得知后，告知詹起荪：虽然你熏陶渐浓，聪明好学，但中医是一门知识浩瀚的学科，它有几千年的历史，仅有对传统医学浓厚的兴趣是不够的，必须要有扎实的基础。詹起荪在父亲詹子翔的教导下苦读文史，博学强记，努力学习，把自己从仅仅仰慕长辈的医德医技之好奇，转变为矢志习医，继承祖业的雄心。

第二节　立志学医

　　詹起荪从每日看到被疾病摧残的患者，络绎不绝扶老携幼求诊求药，深切地感受到了患者的那种痛苦和期盼。又在父亲耳濡目染中酷爱岐黄，坚定了仁术济世之志。詹起荪在中学毕业后，报考就读于浙江省中医专门学校，开始了从事中医事业的征途。在学习期间，一面系统地学习中医基础理论和临床各科，一面随父侍诊抄方，接触幼科临床。在侍诊、学习之余，潜心攻读《黄帝内经》《难经》《伤寒论》《金匮要略》等经典著作，朝夕研读，孜孜不倦。由于勤学苦读及父亲詹子翔的言传身教，使詹起荪的中医知识无论是基础理论，还是临诊实践经验都得到了系统地培养，打下了深厚的基础，开始了中医幼科的行医之路。

　　在学习中医基础理论知识和临床随诊的同时，詹起荪深感中医不但是一门医学，更是中国几千年文化的结晶，要深入了解中医知识之精髓，必须要有坚实的文学功底。所以在学习和临诊之余，詹起荪又在学习中医古籍的基础上抽出时间，努力学习祖国的古代名著，钻研医学古文和人文文献等，使自己的文学知识水平上了一个新的台阶。在学习的同时，詹起荪都记随读笔记，结合中医知识写下了"中国古代文献对中医基础理论影响的深刻体会"的详细笔记，对他在今后的临诊理念、医学心得总结，特别是日后的教学科研和著作中都起到了非常重要的作用。

（詹乃俊　詹起宏）

第二章

名 师 指 引

第一节　父辈的言传身教与学术指引

詹起荪在随诊临床中，深深体会到，传统医学浩如烟海，必须持之以恒，勤奋苦读，才能学到中医的精髓。要从浅处起步，从易处入门，从基础着手才能向高、精、尖发展。于是在攻读古典医籍中，又对《千金方》《育幼家秘》《小儿药证直诀》及金、元、明、清等历代医家的代表性著作进行研读，最后客观地将所学的知识融会贯通，施于临床。

由于世代专于幼科，形成了詹氏家传的临诊学术指导思想。

一、小儿"四诊"的特点

父亲詹子翔老先生虽有高超的医术，但对每一位患儿的诊疗仍详察仔细，一丝不苟。

（1）望诊：是观察病儿的第一道关，而且小儿往往会出现多种状态，所以在小儿进入诊室时，第一眼就需观察全面细微。首先要看清小儿的面色特点，这对病症的确定有至关重要的作用；其次是小儿的神态，它对某些特殊疾病的辨证必不可少；第三必须全身观察，综合分析，不要抓住一点而臆断疾病造成误诊。

（2）问诊：更是儿科的难点。因"儿科"古有"哑科"之称，幼童不能言表，儿童讲述不清，家长陈述病情常常带有其主观臆断，所以问诊必须全面仔细，兼听则明也。

（3）闻诊：闻小儿之声，更是一门经验必须丰富的学问，其对辨证依据尤为重要。以"声"为例，小儿尖叫声、啼哭声不同，时轻时重与连续声又各不相同；咳嗽声对辨证也各具特点，咳嗽有痰无痰，日咳夜咳，是否伴有喷嚏、鼻塞、流涕都表示不同的病情；讲话声音洪亮与嘶哑，是否伴有咽喉不适对辨证也有一定的影响，所以均需听清听明。

（4）切症：小儿"切脉"更是难题，幼童以指纹观察为主，但因幼童不易配合，啼哭、挣扎往往给我们的判断造成困难，如果没有丰富的临床经验和细心耐心的详细观察，都会给我们的辨证造成困难，以致误诊。

二、小儿的生理病理在临诊中的特点

（1）小儿生理方面有脏腑幼嫩，形气未充；生机蓬勃，发育迅速的特点。这两者在小儿机体内互相对应又互相联系，它可引起小儿机体不断运动和发展，在运动和发展中成长发育。所以必须辩证统一地认识它们，决不能加之孤立地分析应用。

（2）小儿病理方面有发病容易，病变迅速的特点。小儿由于形体柔嫩，抗病能力弱，容易发病，尤其是脾肺两方面更为多见，万密斋《片玉心书》中说："肠胃脆薄兮，饮食易伤；筋骨柔弱兮，风寒易袭。"所以，小儿由于肺气不足，外感之病最多，而且发病急而调治难。又因脾常不足，容易出现运化输布失调现象，加之小儿饮食不知自节，故小儿脾胃方面的疾病较多，如呕吐、泄泻、积滞、疳症等多为常见。正如万密斋所言："水谷之寒热伤人也，感则脾先受之。"

（3）病变迅速。小儿在病理上不仅发病容易，而且发病后，病变也快。正如《温病条辨·解儿难》所说："盖小儿肤薄神怯，经络脏腑嫩小，不奈三气发泄，邪之来也，势如奔马；其传变也，急如掣电。"说明小儿脏腑、经络、神气、肌肤多方面均较薄弱，不仅易发病，而且传变，有如电波变动之快。因此小儿得病过程中容易出现"从阳化热"和"寒热虚实"互变的情况。

三、小儿用药的学术体会

詹氏家传认为，只有对中医基础理论有较深的造诣，遣方用药才能精准。所以父亲詹子翔老先生处方用药，方药简练，方小药轻，力求专注，效果卓捷。常常是小方治大病，简明价廉，见效快速，有鲜明独特的风格。

詹氏不仅用药简练，而且对药物性味，潜心研究，筛选对比，认真观察，及时总结，以不断提高用药的疗效。

在选方用药时，一贯反对墨守成方，认为病因多变，疾病无定，故应审证求因，对症下药，才能药到病除。因而在临床诊治中，均为一病一方，方方精准，很少雷同。严求做到"四要"：处方要简，药物要精，价格要低，效果要显。

第二节 名 校 深 造

"路漫漫其修远兮，吾将上下而求索。"詹起荪在临诊之余仍坚持读书，虚心学习，字斟句酌，熟读精思。詹起荪读过的书，或做记号，或加批语，或写提高，从不浅尝辄止。

詹起荪曾先后工作于浙江中医进修学校和浙江省中医院。继而又先后赴北京中医进修学校、南京中医学院全国教育研究班进一步深造。除学习中医、研究中医以外，还学习了西医基础与临床，研究了医学教育方面的经验。从而博览群书、博采广蓄，潜心研究，细心揣摩，采众家之长补自家之不足，取众家之精华为我所用，达到了进一步开拓中医理论的知识，精于医道。对其他学科的知识也屡有涉猎钻研，在诊疗中真正实现主次有序，遣方用药，灵活有效。

（詹乃俊 詹起宏）

声 名 鹊 起

第一节 悬壶济世

詹起荪教授1940年开始独立悬壶行医。在临床实践中，凡遇疑难重症，辄求教家长，其学术思想和用药风格，除幼承庭训，继承父辈经验外，更受明清两代医学家影响。詹起荪教授认为应十分重视病症诊察在辨证论治中的地位和意义。定位定性问题是辨证论治的根本问题，因为病位不同、性质不同，所采取的治疗措施不同。在临床上常因辨证角度不同，方法各异。同一病候往往出现不同的诊断，造成治疗中诸多的失误。所以确定病位是辨证论治的第一步，因为任何疾病的本质都会反映在具体的脏腑上，并以相应脏腑功能的病理特征表现于临床，所以定位诊断是治疗求本的前提。

由于詹起荪教授刻苦钻研，勤学好问，临诊中能承前启后，推陈出新。积极运用中西医结合，辨证辨病合参，加之名师指点，医技提升很快。不仅识病准确，而且在用药方面有其独特之处，从而总结出了自己临床诊治的独特经验，例如：①重视小儿体质特点；②对临床鼓舞、顾护脾胃气的见解；③审慎、清灵的用药特色等（具体详见后续章节介绍）。

第二节 经 验 总 结

詹起荪教授行医六十余载，精通医理，勤于实践，潜心钻研，经验丰富，技艺超群。他深切地知晓理论联合实际的重要性，从不悖于古而验于今，以自己的亲身经历，认真观察总结临床经验，详细整理记录。在临诊之余，还利用点滴时间整理、编著，自创了经验方。先后编著了《中医儿科临床手册》，主编了学校自编教材《中医儿科学》和《中医儿科刊授教材》，撰写并发表了《婴幼儿腹泻的辨证论治》《麻疹诊治》《小儿药证直诀》（评述）等论文数十篇。

詹起荪教授深信中医的学术发展，其根本在于临床，为了更好地传授医疗经验，在繁忙的诊疗中，与计算机专业人员合作，成功研制了"詹起荪诊治婴幼儿腹泻电脑系统"软件，并获得浙江省科技成果奖。

现将詹起荪教授中医临床及养生经验总结例举如下。

1. 内病外治

"内病外治"是詹起荪教授数十年临诊中的又一成果。他在临床中经常提到小儿对中药的不适应及家长给药时的不便，独创了"内病外治"的方法。在临床诊治中，首先确定病位，根据临床表现和体征，确定病变部位，然后寻找人体相对应的有效治疗点，通过相应的推、按、压、外敷等方法，达到扶正祛邪，增强机体抵抗力，促进机体功能恢复的效果，从而缓解甚至治愈疾病。詹起荪教授提出，近代部分医学家，仅以"三个指头，一个枕头，二服汤药"为内、妇、儿科常规，视为正统，把历代丰富多彩、行之有效的"外治法"视为非正统的江湖医者小技，而不屑一顾，认为不登大雅之堂，从而拒之不习，实为"数典忘祖"也。詹起荪教授指出，一个高明的医生，应该善用多种治疗手段，针对临床时变化万千的症候，合理地配合使用，使其各得所宜，这才是"得病之情，知治之，大体也。"的良医。反之，既有碍于中医自身临床疗效的提高，又不利于传承和发展祖国医学遗产。

为了更好地传承和发扬詹氏儿科的"外治法"，詹起荪教授在家族祖传秘方的基础上，结合自己多年的临床经验研制了以"外治法"治疗内科病的"小儿健脾暖胃药袋"，其主要功效为健脾、暖胃、行气、消滞。对小儿食欲不振、疳证初起、腹痛、腹胀、泄泻、面色萎黄、形体消瘦、轻度贫血等病症，经临床验证总有效率高达86.67%。经过两年多在浙江中医学院门诊部、浙江省中医院、杭州长生路幼儿园、浙江省丽水市中医院等单位对小儿"脾虚证"患者的临床应用，疗效显著，深受广大医务工作者和家长的欢迎。

小儿脾胃疾病在临床上十分多见，且直接影响小儿的生长发育。再者小儿打针、煎药、喂药方面存在着一定的困难，且小儿难以接受，家长诸多不便，因此"小儿健脾暖胃药袋"的研制成功，采用"外治法"治疗小儿内科病，既免除了打针、煎药、喂药的麻烦，又十分便捷，无痛苦刺激，让小儿容易接受，家长乐于使用。确不失为一种方便、安全、有效地治疗方法，是剂型改革和用药途径的重大改进。

2. 古为今用，洋为中用

詹起荪教授在临诊辨证论治中，从不因循守旧，固步自封。他十分重视并认真对待现代医学的先进诊疗手段，倡导采用科学方法研究中医。他乐于接受现代医学，常用科学的医理来探讨中医治疗的原理，并用现代医学知识来拓宽自己的思路。为把现代医学的诊断辨病和实验室检查数据结合到中医的辨证辨病中，在临诊之余，詹起荪教授系统学习现代医学的知识，并参考有关的内容。他认为与现代医学科学相结合，对中医辨证、病因、病机的探讨，对许多疾病的明确诊断，制订正确无误的治疗措施，从而提高自己在疾病的诊断和临床疗效中会起到积极作用，也是非常有必要的。

3. "养生健体，治百病"

詹起荪教授享年90余，晚年仍坚持亲临门诊，耳不聋，眼不花，精神饱满，声如洪钟，人人羡慕他身体好，会保养。谈到养生防老的秘诀时，他说：要保持中医基础中的"精、气、神"一致，"生命在于运动"一说，并做到情绪稳定，饮食有度，作息规律，运动适度。

（1）情绪稳定：祖国医学历来把喜、怒、忧、思、悲、恐、惊七种情绪作为主要的致病病因，喜伤心，怒伤肝，惊伤肾，悲伤肺，忧伤脾等都与很多疾病的发生有十分密切的关系，所以保持稳定乐观的情绪是预防疾病的要素之一。故人云：人逢喜事精神爽，乃防病之关键也。詹起荪教授虽然经历了坎坷人生，但是遇事稳定，虚心谦让，不争功名，不逐私利，达到身体保健和精神修养于一体，深受大家的尊敬与爱戴。

（2）饮食有度：詹起荪教授告诫，国以民为本，民以食为先。自幼就教导我们，一日三餐要做到定时定量，坚持好不贪，劣不饥；谷肉蔬果合理调配，从而达到胃肠通利，阴阳平衡。詹起荪教授曾因病导致消化功能很差，但仍坚持良好的饮食习惯和生活规律，以至气血顺畅，腑气通达，延年益寿。

（3）起居规律：一年四季都要坚持早睡早起，晨练不断；詹起荪教授力求做到生活自理，任何事情都亲力亲为，包括打扫卫生、购物料理等一切自己动手；保持一个良好的生活习惯。做事要约束，时间也要把握得当；时常注意节气变化，及时增减衣物，保持寒温适度；注意劳逸结合，午间坚持休息，晚间不外出活动，按时睡眠，常年遵循，雷打不动；喜饮绿茶，谢绝烟酒，堪称生活之楷模。

（4）适度运动：人到老年，脏器功能、气血运行都会随之减弱，因此詹起荪教授为了保持机体不变，推迟功能减退，他坚信"生命在于运动"之理，坚持外出办事、购物，尽量做到步行或公交代步；徒步上下楼，洗衣做饭自己动手。通过适度的体能活动，以保持经脉流畅，关节利落，神清气爽，身强体健之功效。

由于良好的养生习惯，使詹起荪教授人到老年，仍能以健康的体质，坚持亲临一线为病家服务，并常常孜孜不倦，博览群书，不断进取。

4. 独创经验方

詹起荪教授在通晓历代各家经验的基础上，结合自身临诊经验，反复实践，承继家学，发愤图强；钻研中医经典著作，达到学有渊源，见多识广，博采众长，汇聚诸家之目的。以善于辨证，立法严谨，化裁创新，用药颇有独特之处，从而疗效卓著。

例如詹起荪教授自创"定痫豁痰汤"使小儿癫痫病的疗效从"控制"到"治愈"，治愈率达百分之九十以上。同时对"新生儿黄疸""哮喘""小儿泄泻""血小板减少性紫癜""疳证""厌食"等疾病的治疗，也在古为今用的基础上，独创了自己的经验方，均取得了显著的临床疗效。病人遍布辽宁、陕西、湖南、广东、河南、金华、宁波、丽水等地，全国各地均有病人上门求药，也有部分外国患者前来咨询、求治。

第三节 教 书 育 人

詹起荪教授对中医教学与科研同样倾注了大量心血。自20世纪50年代以来在浙江中医学院执教后，曾参加了多种教材的编写工作，并分别讲授过"中医各家学说""医古文""中国医学史""中医诊断学""中医儿科学"等多门课程，还担任历届本科生、研究生、主治医师提高班、外国留学生等多层次的教学老师。在古稀之年，仍精力充沛，亲临教学第一线。他讲课时精神饱满，声音洪亮，引经据典，倒背如流。作分析深入浅出，引人入胜，并联系临床，传授心得，令人叹服。多次被学生评为最受欢迎的老师，学生评价詹起荪教授："六代名医之后詹起荪教授，儿科专家。他上课时，不带书本，先写大段板书，将关于本章节的内容写上，他写的是古代名家专著里的相关内容。每一节课都是如此，我们全部都震撼他超强的记忆力。"

在谈到关于教书育人的体会时，詹起荪教授说：第一，为人师表，须严于律己，一丝不苟地对待每一堂课，不管是新课还是老课，是提高班还是本科班，都要认真对待。备课认真与否，直接关系到授课的效果。熟悉教材，平时要认真看书，积累资料，认真设计每一堂课的讲授方法；仅研究教材内容是不够的，还要对课程中的重点、难点、疑点、要点仔细揣酌，反复推敲，并从学生的角度出发多提几个"为什么"；还要结合临床，既要博采众长，引经据典，充实和丰富自己的教学内容，又不能脱离教材的基本内容和观点，这样才能达到既不照本宣科、人云亦云，只介绍各种不同的学术观点而无自己的见解，又能让课堂内容结合实践、临床而能运用自如，言之有物，从而使课堂气氛活跃，增强教师与学生之间的互动，达到良好的教学目的，达到学以致用的效果。

第二，要有一支高质量的教师队伍，教师要有深厚的基础理论功底和丰富的临床实践经验。在备课过程中，要认真编写好教课提纲，根据大纲的要求、教学的目的、教材的内容，寻找有关讲课资料；仔细研究，反复推敲，结合课本知识，写出观点明确、条理清晰、深入浅出的讲课提纲，所以备课也是教师刻苦学习，努力钻研，深思熟虑，充实和提高自身的一个过程。"台上一分钟，台下十年功"，要想在台上讲得好，就必须在台下付出艰苦的劳动。只有教师队伍水平高，素质好，基本功过硬，才能编写出观点正确，层次分明，逻辑性强的备课笔记；才能创造出将枯燥的理论知识和临床实践融会贯通的生动有趣的课堂，只有将书本的知识变为自己东西的时候，才能培育出不仅中医基础理论扎实，而且能够结合实际的优秀学生。

第三，提高学生学习中医的自觉性。中医学自成体系，源远流长，学义深奥，学习时很难产生兴致，所以学生往往感到枯燥无味，提高不了学习的自觉性，导致对中医专业思想的不稳定性。因此教师在传授知识的时候，既要突出中医的特色，讲明讲透中医学理论的可靠性、科学性和临床实践性；又要善于探索中医现代化的问题，对学生采用启发式互动性的教学方式，有针对性的向学生提出新问题，从而获得新知识，得到新结论。通过启发式的互动教学方式提高学生独立思考的能力，促使学生在牢固掌握中医理论知识的同时，又能自觉主动地接受新知识，因势利导的既巩固了对学习中医的使命感，又提高了学生的临床实践能力。

第四节 誉 满 内 外

詹起荪教授不但医术高超，且医德高尚。他禀性正直，平易近人，对中医事业忠心耿耿，工作任劳任怨。在晚年虽然年事已高，但对有益的社会活动从不推辞，曾多次亲自带队或参加浙江省政协及有关部门组织的医疗队赴贫困、边远地区义诊和医疗咨询活动。

由于精湛的医术，全国各地前来求治者甚多。无论诊务多忙，他总是态度和蔼，详询病情，有问必答，认真负责，从不草率从事。曾有宁波患儿童某，病后多方医治无效，转来杭州，经某大医院确诊为"阻塞性黄疸"，告家长无法医治，劝其回家。在万般无奈之下，抱着试一试的心理前来请他诊治。他既认真对待某医院的诊断，又十分细致地询问了病史，参考各种实验室检查数据，然后进行辨证遣方用药。患儿在他的精心医治下，经服二十余剂中药痊愈了。家长感激万分，投书《浙江工人日报》，以"孩子得救了！"为题鸣谢。

詹起荪教授对待病人，总是一视同仁，从不厚此薄彼。给路远、体衰等素不相识的病人加号延诊，乃为常事。对外地来函求诊者，总是认真处理，亲自一一作复。患者找到家里求治，亦总是热情接待，常常搁下饭碗给患者切脉开方。詹起荪教授对一味迎合病人心理、乱开补药、贵重药的不正医风深恶痛绝，始终保持着简便廉验，讲求实效的医德医风。

詹起荪教授自1959年进入浙江中医学院工作，先后担任学院教研室主任、学院教务长、副院长、学术委员会副主任、高级职称评审委员会委员兼中医临床学科组组长。在繁忙的教学、科研、临床工作中，还积极投身社会工作，分别担任全国中医学会浙江分会常务理事、浙江中医儿科学会主任委员、浙江省中医高级技术职称评审委员会委员，并兼任杭州胡庆余堂医药顾问、杭州天目山药厂顾问等职。

詹起荪教授几十年来，为振兴中医事业，倾注了自己全部的心血，得到了社会和中医界的肯定。先后在1983年评为首批浙江省省级名老中医，1991年评为全国首批国家级名老中医，1992年被授予国务院特殊津贴终身获得者荣誉。

（詹乃俊　詹起宏）

第四章

高 超 医 术

第一节 经 验 方 选

一、泻肺镇咳汤

组成：清炙桑白皮、清炙白前、浙贝、杏仁、化橘红、竹沥半夏、前胡、炒苏子、地龙、炒淡芩、姜竹茹。

功效：泻肺泄热、涤痰镇咳。

主治：百日咳或百日咳痉咳期。

方义：百日咳痉咳期之病机关键是痰浊久恋，化热化火，痰火胶结，阻塞气道，刑金则咳，犯胃则呕，痰与火结，黏而难出，则连声痉咳不已。故本方以清炙桑白皮，黄芩清泻上焦肺火为主药，佐以浙贝，竹沥半夏清肺祛痰；杏仁、苏子、前胡、清炙白前宣降并行，涤痰镇咳；姜竹茹入肺胃，清肺化痰，和胃降逆；化橘红轻透邪热，疏畅肺气，地龙解痉通络，诸药合用，清泄宣通疏降并施，使火清热泄痰除，气道畅行则痉咳缓解。

临床应用：百日咳，中医又称顿咳，是小儿时期常见的呼吸道传染疾病之一，临床以阵发性痉挛性咳嗽，咳后有特殊的吸气样吼声，即鸡鸣样回声，最后吐痰沫而止为特征，其病程较长，尤其是痉咳期，使患儿痛苦不堪。痉咳频作，呕吐而影响进食者，酌加代赭石降逆和胃；咳剧眼结膜出血加焦栀皮，藕节清热凉血；大便干燥艰行加瓜蒌皮、枳壳润肠宽中；痉咳日久酌加百部、制天虫清润豁痰平肝解痉；痉咳缓解可加枇杷叶（去毛）肃肺化痰。

百日咳至痉咳期虽为痰火胶结之热证、实证，但小儿稚阳之体，肺金娇嫩，脾土薄弱，仍不宜大苦大寒之剂，以免耗伤气阴，若正气不足则难以敌邪。故泻肺镇咳汤用宣肺泄热，涤痰畅气之法，清泄达邪而不耗气伤阴，药虽平和，功效卓著，充分体现詹老治病用药时时注意因势利导，不伐稚儿生生之气的学术思想。

此外本方加减也可用于小儿急性支气管炎表证已除而咳嗽较剧，痰黏质稠不易咯，舌红苔黄属痰火内结者。

验案举例

单某，男性，4岁。

初诊：1991年11月17日。肺气素虚，平时汗多，外感易受，咳嗽久延，日前重感，咳嗽加剧，连声顿咳半月余，夜间为甚，伴有回声，昼夜二十余次，咳时弯腰屈背，面红目赤，痛苦不堪，服红霉素等西药时时呕恶，不欲进食，大便干燥，舌质红，苔白腻带黄。（查血白细胞计数27.7×10^9/L，淋巴细胞89%，中性粒细胞11%）脉弦滑，治拟泻肺泄热，涤痰镇咳。

处方：清炙桑白皮6g，炒淡芩3g，清白前6g，杏仁6g，竹沥半夏6g，地龙6g，姜竹茹6g，前胡6g，炒苏子4g，化橘红5g，浙贝6g。7剂。

二诊：7剂后连声阵咳减至每昼夜5～6次，回声及呕吐不明显，胃纳欠振，大便干燥艰行，苔白腻而黄，前方去姜竹茹、化橘红加瓜蒌皮6g，枳壳3g，百部6g，7剂。

三诊：服药后痉咳缓解，咳痰转松，大便通润，胃纳渐增，舌苔薄白腻，拟清润肃肺，健脾化痰以收功。7剂而愈。

二、疏健分运汤

组成：炒白术5g，辰茯苓6g，陈皮5g，炒荠菜花5g，焦曲9g，焦楂炭6g，玉蝴蝶2g，川朴花5g，煨木香2g，藿香5g，扁豆衣9g，扁豆花6g。

功效：健脾分运，疏肝行气。

主治：婴儿惊泻。

方义：本方白术、茯苓、陈皮健运脾土为主药；玉蝴蝶、川朴花、木香疏肝行气为辅药；佐以藿香、扁豆花、扁豆衣，宣化分运以除脾湿；荠菜花、焦曲、焦楂炭消积导滞以助脾运，共奏健脾分运，疏肝行气之功。

临床应用：（1）婴儿惊泻之病机关键为脾虚肝旺，肝脾失调。然其脾虚既非脾气衰弱，也非脾阳不振，而是脾失健运，故用白术、茯苓健运脾土为主，不用参芪补脾气、姜附温脾阳；其肝旺既非肝经实火，也非肝阳上亢，而是肝失疏泄，故以玉蝴蝶、川朴花等疏肝行气，不用龙胆草泻肝，石决明、珍珠母等平肝。肝脾和调脾运得健则泄泻自愈。

（2）惊泻是婴儿特有之腹泻，主证为大便泻下色青，黏稠不化有沫，水分较多，每天少则四五次，多则十余次，平素胆怯易惊，寐时多汗，精神尚可，胃纳欠振，多有湿疹病史，舌苔薄腻，指纹淡紫。疏健分运汤组方正切中婴儿惊泻的生理病理特点。本方配伍有三大特点：一为选用质轻味薄之品，如荠菜花、玉蝴蝶、扁豆衣、扁豆花等，轻灵之品可鼓舞脾胃之气，质轻味薄煎成汤剂，药汁清淡，易于入口；二为用药量轻，轻者2g，重者9g，常用量为4～6g，服药以少量频服为宜，缓缓振奋中土，促进药液吸收，加速泄泻痊愈；三为配伍行气药，如木香为三焦气分之药，能升降诸气，生用行气导滞，煨用实大肠止泻；玉蝴蝶质轻味薄，疏肝理脾而不伤气；川朴取花之轻扬，行气燥湿而不耗气，行气药行而不守，在惊泻中配伍运用既可鼓舞脾胃斡旋之机以复升降出入之常，又使全方补而不滞、轻灵活泼，以适应小儿"生机蓬勃""脏气清灵""随拨随应"之特性。

（3）若兼见外感，鼻塞不通酌加苏梗、金沸草、蝉衣；咳嗽痰滞不爽去陈皮者酌加前胡、浙贝、化橘红等；痰多质稠加竹沥半夏；痰多质稀加姜半夏；肠鸣不舒加防风；小便量少者加灯心草；腹泻日久，面色萎黄，舌质偏淡，苔薄白者加党参；寐时多汗，烦躁者加炒桑叶、钩藤、白芍等。

验案举例

钱某，女，6个月。

初诊：1978年4月10日。婴儿腹泻延已一月，泻下青稠不化有沫，日三四次到十余次，溲清，胆怯易惊，苔薄白，指纹淡紫，拟健脾疏肝分运之法。

处方：扁豆衣9g，扁豆花6g，辰茯苓9g，焦六曲6g，煨木香2g，炒于术6g，陈皮5g，炒谷麦芽各5g，炒白芍3g，煨防风2g，楂炭5g，姜半夏6g，炒薏苡仁9g。3剂。

二诊：4月21日。婴儿腹泻延已月余，服药后次数已减，停药后次数又增，泻下黏稠有沫，脘腹不舒，胃纳一般，苔薄白，指纹淡紫，拟前方出入。

姜半夏6g，茯苓9g，炒于术6g，煨木香2g，炒白芍5g，煨防风2g，焦六曲6g，陈皮5g，炒谷麦芽各6g，炒薏苡仁9g，扁豆衣9g，扁豆花6g，玉蝴蝶1g。3剂。

三、定痫豁痰汤

组成：明天麻6g，钩藤（后下）9g，辰茯苓9g，制天虫6g，地龙6g，陈胆星6g，炒白芍5g，郁金5g，炒当归5g，陈皮5g。

功效：息风定痫、豁痰通窍、活血化瘀。

主治：小儿癫痫。症见发作之前较大儿童常有头昏、胸闷、心悸、肢麻之先兆；发作时则突然跌仆，两目呆视，喉间痰鸣，昏不知事，四肢抽搐，片刻即醒，发后如同正常人。每次发作的时间长短不一，发作间隙期久暂不同，发作程度轻重有别。

方义：癫痫多发于学龄前后的儿童，多因惊、食、痰、血瘀而引起"神气怫郁，瞪眼直视，面目牵引，口噤流涎，肚腹膨紧，手足抽搐，似生似死，或声或默，或项背反张，或腰背强直"等症，而痰阻气道，气机壅滞又为本病发作之病理所系。正如《幼科释谜》中言："然诸痫证，莫不有痰，咽喉梗塞，声出多般，致痰之由，惊食风寒，血滞心窍，邪犯心宫。"故癫痫一病其位在心、肝、脾三脏。盖心藏神，惊则伤神，小儿神志怯弱，若有所惊恐，则神失所守，邪阻心窍，神明内乱，窜扰经络。肝气郁滞，肝风内动，目视神呆，四肢抽搐。脾失健运之职，水谷滞而酿痰，阻于膈上，脉道闭塞，孔窍不通，脏腑气机升降之路痹阻，阴阳不能顺接，清阳受蒙，则神识迷糊。更由于痰阻气道，时有聚散，故癫痫之作，多为时发时止。

定痫豁痰汤方中明天麻息风定痫止痉；钩藤平肝息风，镇痉止搐；制天虫祛风化痰，定痫镇痉；地龙祛风定痫通络；陈胆星清痰热止惊痫；茯苓健脾化痰，拌以朱砂可宁心定痫；当归、白芍可和血活血；郁金清心解郁，行气破瘀；陈皮理气解郁，宽中化痰。诸药配伍可达到息风定痫、豁痰活血的功效。

临床应用：（1）痰涎壅盛加竹沥半夏6g，浙贝6g；乳食积滞加神曲9g，山楂炭6g，炒二芽各9g；血瘀盛者加丹参6g，川芎3g。

（2）本病病程越长，疗效越差，因此宜及早诊治。同时本病顽固，常因疲劳、剧烈运动、感冒、惊吓等诱发，因此必须加强护理，并坚持服药以巩固疗效。詹老在使用汤药的同时常配以单方以增强效果，单方：朱砂、儿茶各3～6g，纳入猪心（猪心先洗净，剖开），放瓦罐中加水，用文火煮熟，去药渣，将猪心切片，醋蘸作佐料，随小儿胃口，每餐服食。

验案举例

周某，男，8岁。

初诊：1991年8月19日。主诉为反复出现突然神昏，痰鸣抽搐。发时自无知觉，每次发作持续十分钟左右，以夜间为多。近两个月来发作频繁。平时神烦不安，胃纳一般，大便干。诊查发现神清，反应尚可，苔薄腻，脉弦细。脑电图检查，诊为"左中央区致痫灶"。辨证为痰阻气道，气机壅滞，引动肝风。治法平肝息风，豁痰镇痉。

处方：茯苓9g，钩藤9g，白蒺藜9g，明天麻6g，竹沥半夏6g，制天虫6g，陈胆南星6g，地龙6g，甘菊6g，炒白芍5g，炒当归5g，陈皮5g。7剂。

二诊：1991年8月26日。药后一周未发病，神稍安，喉间有痰，胃纳一般，大便干。苔薄腻，脉弦细。拟前方出入。

处方：炒桑叶9g，茯苓9g，钩藤9g，明天麻6g，甘菊6g，制天虫6g，竹沥半夏6g，陈胆南星6g，郁金5g，炒白芍5g，陈皮5g，蝉衣2g。7剂。

三诊：1991年9月2日。服药后至今未见发作，夜寐不宁现象已减少，喉间偶闻痰鸣，胃纳一般，大便干。苔薄白，脉弦细。拟前方出入。

处方：白蒺藜9g，陈胆南星9g，茯苓9g，炒桑叶9g，钩藤9g，甘菊6g，明天麻6g，制天虫6g，地龙6g，郁金5g，炒枳壳5g，炒淡芩2g。7剂。

四诊：1991年9月9日。癫痫未再发作，喉间痰鸣已明显减轻。因开学后疲劳，近日寐欠安，胃纳一般，大便干。苔薄白，脉弦细，拟前方出入。

处方：白蒺藜9g，陈胆南星9g，瓜蒌皮9g，辰茯苓9g，明天麻6g，甘菊6g，竹沥半夏6g，制天虫6g，炒白芍5g，郁金5g，炒枳壳5g，陈皮5g。7剂。

五诊：1991年9月15日。诸证均趋消失，嘱续服前方。随诊观察半余，未再发作。

四、健脾开胃汤

组成：炒白术6g，茯苓9g，姜半夏6g，川朴花5g，炒薏苡仁9g，炒谷芽9g，神曲9g，炒枳壳2g，陈皮5g。

功效：健脾燥湿、行气开胃。

主治：小儿厌食。

方义：小儿"脾常不足"，加之饮食不知自节，饥饱不能自控，或家长溺爱太过等均可加重脾胃负担，日久脾胃之气受损，造成中焦气滞，湿浊内阻而厌食，故脾失健运，气滞湿蕴是小儿厌食的病机关键。本方用白术健脾为主药，辅以茯苓、姜半夏、薏苡仁以增其健运脾土之功，佐以朴花、陈皮、枳壳行气燥湿；谷芽、神曲消食开胃，共奏健脾燥湿，行气开胃之功。

临床应用：若见舌苔白腻加藿香5g，鸡内金6g芳化运滞；经常脘腹不舒酌加制香附9g，郁金5g行气畅中；大便气秽酌加淡芩2g，焦楂肉6g清热运滞；若舌苔薄净，去姜半夏加太子参5g益气健脾；舌苔花剥者炒谷芽易生谷麦芽各6g养胃阴以增食。此外，本方临床也常用于小儿外感后或伤食或呕吐腹泻后脾胃不和，运化未复，胃纳不思者。本方酌加陈蒿梗、藿香、佩兰、清水豆卷、六一散等也可用于夏秋季小儿疰夏，低热、神疲烦躁、纳呆等症。

验案举例

郑某，男，4个月。

初诊：1991年9月6日。患儿素体脾肺两虚，面黄形疲，发稀面黄，平时多汗，长期胃纳不思，时有脘腹不舒，大便粗糙不化气秽，日行一二次，苔白腻，脉细弦，拟健脾化湿，行气和胃之法。

处方：炒白术5g，朴花5g，炒薏苡仁9g，陈皮5g，姜半夏6g，藿香5g，广木香2g，神曲6g，炒谷芽9g，茯苓9g，炒桑叶9g，枳壳2g。7剂。

二诊：服药后胃纳渐增，寐汗已少，时有脘腹不舒，大便粗糙不化气秽，日一次，舌苔薄白腻，脉细，拟前方出入。

处方：上方去藿香、木香、炒桑叶加炒淡芩2g，郁金5g，制香附5g。7剂。

三诊：服药后胃纳正常，脘腹不舒已除，大便气秽略减，舌苔薄白，脉细，拟前方出入。

处方：炒党参5g，茯苓9g，炒谷芽9g，神曲6g，炒白术5g，陈皮5g，川朴花5g，楂炭6g，炒枳壳2g。7剂。

因感冒咳嗽未诊。家长告曰自上次服药后胃纳一直正常，体重已由12.5斤增至14斤，半年来第一次感冒，体质也好多了。

（盛丽先　詹乃俊　余　勤）

第二节 医案选编

一、"化脑"后遗症

沈某，男，5个月。

初诊：1978年6月27日。化脓性脑膜炎住院治疗后，喉间痰鸣，时有惊窜四肢抽动不宁，两眼呆滞，胃纳尚可，便干溲清，苔薄腻，指纹淡紫，拟清肺豁痰镇惊安神法。

处方：制天虫、甘菊、钩藤（后下）、浙贝各6g，桑叶（炒）、紫贝齿、辰茯苓各9g，竹沥半夏、化橘红各5g，蝉衣3g，灯心一束。3剂。

二诊：6月30日。服药后，痰鸣声渐缓，寐时四肢抽动惊窜不宁，胃纳一般，两目呆滞，大便干，苔薄白，指纹淡紫，上方去浙贝、化橘红、灯心，加生牡蛎12g，炒谷芽、丝瓜络各9g。4剂。

三诊：7月4日。痰鸣已除，惊窜轻，两目呆滞，视物欠灵，胃纳一般，大便黏稠，溲多，苔薄腻，指纹淡紫，拟平肝息风安神法。

处方：制天虫、钩藤（后下）、焦六曲、炒桑叶各6g，地龙、甘菊各5g，紫贝齿、辰茯苓、炒谷芽各9g，蝉衣3g，辰灯心一束。4剂。

四诊：7月8日。（略）

五诊：7月12日。经治疗后，惊窜已解，痰鸣亦除，唯两眼尚欠灵敏，胃纳一般，二便如常，苔薄白，指纹淡紫，拟前法佐以益气健脾法。

处方：辰茯苓、紫贝齿、炒薏苡仁、炒桑叶、炒谷芽各9g，枸杞子、炒党参各5g，钩藤（后下）、炒白术、焦六曲各6g，蝉衣3g，木香2g。5剂。

药后病愈。

按语 化脓性脑膜炎属小儿急惊风范畴，多为外感时邪，内蕴痰热，引动肝风，致高热、神昏、抽搐，病情多为严重。

患儿经住院治疗后，邪热抽搐稍有好转，惟病邪仍羁留不解，痰热内蕴，肝风扰动，目视神呆，四肢时有惊窜抽动，其病在心肝两脏，痰热又蕴郁肺经，病势尚属鸱张。经曰："热则生风，风生痰，痰热客于心膈之间，则风火相搏，故抽搐发动。"

选用清肺豁痰镇惊安神之剂，药用天虫、浙贝、竹沥半夏、化橘红、桑叶以清内蕴之痰热，甘菊、紫贝齿、辰茯苓、蝉衣、地龙、辰灯心以平肝息风、安神镇惊，连服11剂后，痰热得清，肝风渐息，心神得宁。最后以益气健脾、养肝宁心之品而告痊。

（詹起荪）

二、癫痫

病案一 吴某，男，9岁。

初诊：1977年10月4日。近十天来反复出现口角㖞斜抽动，喉间痰鸣，不发热，无自觉症状，苔根厚腻，脉弦滑，拟平肝息风豁痰法。

处方：制天虫6g，郁金5g，竹沥半夏6g，辰茯苓9g，冬桑叶6g，蝉衣3g，化橘红5g，浙贝6g，钩藤（后下）6g，地龙6g，明天麻5g，炒白芍5g。3剂。

二诊：10月8日。经治疗后，口角㖞斜抽动略减，痰滞咳嗽不爽，胃纳一般，二便如常，苔黄腻，脉弦，拟前方出入。

处方：竹沥半夏6g，地龙6g，明天麻5g，浙贝6g，制天虫6g，前胡5g，化橘红5g，淡芩（炒）2g，金沸草（包）6g，杏仁6g，冬桑叶6g，钩藤（后下）9g。3剂。

三诊：10月10日。口角㖞斜抽动已缓，痰滞咳嗽略松，胃纳一般，二便如常，苔薄腻，脉弦，拟前方出入。

处方：制天虫6g，桑叶6g，竹沥半夏6g，辰茯苓9g，明天麻5g，地龙6g，丝瓜络9g，浙贝6g，化橘红5g，甘菊6g，钩藤（后下）9g，杏仁6g。5剂。

四诊：10月16日。口角抽动已除，又受外感，痰滞咳嗽延而未清，鼻流涕，胃纳尚可，大便量多，苔根厚腻，脉弦，拟前方佐以清宣之药。

处方：竹沥半夏6g，炒杏仁6g，苏子梗各3g，浙贝6g，化橘红5g，桑叶6g，明天麻5g，钩藤（后下）9g，蒸紫菀6g，茯苓9g，炒薏苡仁9g，焦曲6g。5剂。

五诊：10月20日。口角㖞斜抽动已除，痰滞咳嗽渐减，胃纳一般，大便尚可，苔根薄腻，脉弦，拟疏风豁痰佐以平肝之法。

处方：冬桑叶9g，甘菊6g，竹沥半夏6g，浙贝6g，化橘红5g，炒淡芩2g，川朴花6g，神曲6g，制天虫6g，钩藤（后下）6g，白蒺藜9g，冬瓜子

9g。4剂。

六诊：10月26日。曾经脑电图检查为颞叶癫痫，目前口角㖞斜抽动未见，痰滞咳嗽已除，胃纳一般，大便如常，苔根薄腻，脉弦，拟平肝息风佐以养血之法。

处方：制天虫6g，甘菊6g，白蒺藜9g，炒白芍6g，炒当归6g，浙贝6g，化橘红5g，地龙6g，钩藤（后下）9g，辰茯苓9g，冬桑叶6g，神曲6g。4剂。

病案二 高某，男，15岁。

主诉：癫痫反复发作一年余。患儿癫痫反复发作一年余，发时两目呆视，痰鸣，四肢抽搐，以夜间为多，胃纳一般，大便干燥，溲短而浑，每月发作1～3次，每次1分钟左右，舌苔白腻，脉弦滑。治拟平肝息风，镇痉豁痰之法，定痫豁痰汤原方服7剂后一周内未发作，喉间痰鸣仍有，大便干燥，苔薄黄腻，脉弦滑，前方加杏仁9g，又7剂。后又以上方加减治疗前后共服药28剂，停药后服用单方猪心纳药（见经验方选），每月1～2只，连续近一年。随访4年，癫痫一直未发作。

按语 定痫豁痰汤是詹老在长期实践中总结出来治疗小儿癫痫的有效验方，由明天麻、钩藤、制天虫、地龙、辰茯苓、广郁金、胆南星、陈皮、炒当归、炒白芍组成。癫痫病因复杂，虽有惊、风、痰、食、瘀诸多因素，但痰阻气逆，血瘀络脉为其主要的病理过程，故用定痫豁痰汤以豁痰通窍、活血化瘀、息风定痫而效。单方猪心纳入朱砂、儿茶，有以心引心，镇惊辟秽之效。但应注意朱砂含汞，日久以防汞中毒，目前朱砂已不入药用。

三、感冒

徐某，女，3岁。

初诊：1979年8月1日。外感新受，身高热39℃，有汗不解，咽红，扁桃体肿大，痰滞咳嗽不爽，时有作恶，胃纳不振，大便干，溲清，苔中薄腻，脉数，拟清热豁痰之法。

处方：连翘壳8g，蒿梗6g，炒黄芩3g，蝉衣3g，前胡6g，冬桑叶6g，化橘红5g，浙贝6g，山豆根5g，神曲6g，藏青果（打）3g，佩兰6g。3剂。

二诊：8月4日。外感身热，退而未净38℃，扁桃体尚肿大，痰鸣咳嗽较松，胃纳不振，大便黏稠，二日未行，苔中薄黄，脉弦数，拟前方出入。

处方：竹沥半夏6g，浙贝6g，化橘红5g，桑叶6g，炒黄芩2g，蒿梗6g，蒸紫菀6g，竹叶5g，炒谷芽9g，神曲6g，冬瓜子9g，山豆根4g。3剂。

三诊：8月8日。据其父来述，身热渐退，咽尚红，痰鸣咳嗽未清，胃纳仍差，二便尚可，拟肃肺豁痰。

处方：制天虫6g，浙贝6g，化橘红5g，蒿梗6g，竹沥半夏6g，蝉衣3g，枇杷叶（去毛）6g，神曲6g，炒谷芽9g，蒸紫菀6g，杏仁6g，藏青果（打）3g。3剂。

按语 外感新受，肺卫不宣，身热有汗不解，咳嗽痰滞。天气炎热，兼夹内滞，热毒较重，是此例的特点。方以桑叶、蝉衣、前胡、连翘壳、蒿梗、佩兰辛凉芳香之品疏表宣肺以达外邪，炒黄芩、山豆根、藏青果清热解毒利咽以清内热，浙贝、化橘红清肺化痰，神曲消积。3剂后，热降咳松痰鸣，守用原法，并加入冬瓜子、竹沥半夏、竹叶等清化痰热。三诊肃肺豁痰以收工。

詹老师在谈到治疗麻疹时，根据《黄帝内经》"必先岁气，毋伐天和"，提出初用透达之剂时，必须注意到气候，如气候温暖时应用辛凉透剂，气候炎热时应用辛寒透剂，天气时暖时寒时应用辛平透剂，治疗时必须和周围气候环境相配合，同时宜宣达其毒而不能郁其毒，宜宣毒不宜冰毒，即如疏表之剂宜用轻扬而不宜大汗。本例清宣疏化，丝丝入扣，充分体现了詹老治疗外感病的高超手法。

四、月内婴儿伤风

申某，男，48天。

初诊：1979年7月21日。双胞胎早产儿月内伤风，微热，痰鸣气逆咳嗽，服药后稍有好转，近日又加新感，症状又甚，时有作恶，寐时惊窜不宁，大便青稠不化有沫，苔薄白，指纹淡紫，拟轻宣豁痰佐以分运。

处方：金沸草（包）5g，蝉衣2g，陈蒿梗5g，浙贝5g，化橘红4g，茯苓9g，制天虫5g，炒苏子3g，焦六曲5g，竹沥半夏5g，扁豆衣、扁豆花各6g，炒竹茹5g。3剂。

二诊：7月25日。双胞胎早产儿月内伤风，加重受感冒，鼻塞不通，痰鸣咳嗽稍缓，寐时惊窜不宁，胃纳不运，大便溏薄不化，溲清，苔薄白，指纹淡紫，拟前方出入。

处方：竹沥半夏5g，前胡4g，炒桑叶6g，浙贝6g，化橘红5g，辰茯苓8g，制天虫5g，钩藤（后下）6g，焦六曲5g，炒薏苡仁8g，紫贝齿8g，鸡内金5g。3剂。

按语 双胞胎，早产儿，月内重伤风，指纹淡紫，先天脏腑极脆弱，感邪后病情变化更速。初诊现表卫不解，肺失宣肃，痰浊内壅，而见鼻塞、微热、咳逆痰鸣；脾胃虚损，呕恶便溏并见；心神怯弱，土虚木贼，寐时惊窜不宁、大便青稠不化有沫，即所谓惊泻。如调治不当，其势或成慢惊风，《医宗金鉴》所谓"慢惊多缘禀赋弱，或因药峻损而成……脉迟神惨大便青，气虚夹痰醒脾效，脾虚肝旺缓肝灵。"此儿心神气虚、痰浊壅盛、脾虚肝旺几大病理因素均已见端倪。此时用药轻灵不峻，不伤正气，至关重要。詹老初诊以金沸草散、温胆汤、苏子降气汤取舍，用金沸草、蝉衣、蒿梗轻宣肺气，浙贝、二陈、炒竹茹、苏子、制天虫肃肺豁痰和胃，茯苓、扁豆衣花、神曲健脾助运。必须指出，痰是此时的重要病理因素，方中用温胆汤为主，豁痰破木郁有其深意。复诊时，痰浊已渐去，痰鸣咳嗽稍缓，治疗上一方面仍用二陈合浙贝、前胡、桑叶宣肺豁痰，另一方面加用贝齿、钩藤、辰拌茯苓、制天虫镇肝安神，薏苡仁、茯苓、焦六曲、鸡内金合二陈健脾和胃杜痰，前后两诊即使病儿转危为安。

五、咳嗽

病案一 孙某，女，14个月。

初诊：1991年11月7日。患儿外感痰鸣连声咳嗽不爽，延已三月余。近日鼻流涕，咳嗽不爽伴呕恶，胃纳不思，大便溏薄不化而气秽，溲黄短数。诊查患儿面色萎黄，形体瘦小，发稀黄而竖。咽稍红，苔白腻，指纹淡紫。两肺呼吸音粗糙。辨证为肺气虚卫外不固，脾气虚运化失司。治法拟清肺豁痰，和胃运滞之法。

处方：炒桑叶9g，炒谷芽9g，炒薏苡仁9g，金沸草（包）6g，制天虫6g，竹沥半夏6g，浙贝6g，楂炭6g，化橘红5g，炒苏子4g，蝉衣2g，炒淡芩2g。7剂。

二诊：1991年11月14日。药后鼻涕已少，痰鸣咳嗽渐缓，呕恶已除，胃纳渐增，大便量多气秽，溲稍长。苔薄腻，指纹淡紫。拟前方出入。

处方：炒桑叶9g，炒谷芽9g，茯苓9g，浙贝6g，竹沥半夏6g，神曲6g，制天虫6g, 化橘红5g, 炒白术5g, 炒苏子4g, 炒淡芩2g, 炒枳壳2g。7剂。

三诊: 1991年11月21日。痰鸣咳嗽渐除, 胃纳已增; 大便粗糙气秽稍减, 日一次; 溲渐长。苔薄腻, 指纹淡紫。拟前方佐以健脾, 诸症均除。

按语 脾常不足、肺常不足乃是小儿体质特点之一, 两者又关系密切。脾为生气之源, 肺为主气之枢, 脾不散精, 肺因之而虚损; 而肺失宣降, 则脾因之呆滞。患儿因肺气虚卫外不固易受外邪侵袭, 故而导致痰鸣咳久而不愈; 因脾气虚则运化失司, 水谷不能化生精微输布全身而出现面黄形瘦、发稀而黄、胃纳不思、大便不化。该患儿乃为脾肺两虚之体, 治应肺脾两顾, 标本兼治。

具体治疗时, 在外感重、肺失清宣之时, 应以治标为先。待外邪渐解时, 则需调理脾胃为主, 佐以清肃肺金之余邪, 培土以生金, 水津得以输布, 痰湿无以化生, 肺卫得以致密, 外邪不易干扰侵袭, 达到标本同治、邪去而本固的目的。

病案二 韩某, 男, 4个月。

初诊: 1978年11月18日。肺气素虚, 外感易受, 痰鸣咳嗽反复发作延已二月, 咳嗽连声不爽, 甚则有痰壅之象, 鼻流涕, 胃纳一般, 二便尚可, 苔薄腻, 指纹色紫, 拟清肺豁痰之法。

处方: 竹沥半夏6g, 前胡5g, 化橘红5g, 浙贝6g, 清炙白前5g, 地龙6g, 旋覆花(包)6g, 杏仁5g, 制天虫6g, 蝉衣2g, 炒苏子5g, 炒桑叶8g。3剂。

二诊: 11月22日。肺气素虚, 外感屡受, 痰滞咳嗽渐轻, 痰壅现象亦减, 胃纳尚可, 大便黏稠, 苔薄白, 指纹色紫, 拟前方出入。

处方: 旋覆花(包)5g, 炒苏子3g, 竹沥半夏6g, 浙贝6g, 化橘红5g, 茯苓9g, 蒸紫菀6g, 薏苡仁9g, 焦六曲6g, 清炙冬花5g, 枇杷叶(去毛)5g, 制天虫5g。7剂。

按语 4个月小儿, 痰咳二月, 病久肺虚。咳嗽连声不爽而流涕, 表邪未除。苔薄腻而有痰壅之象, 为痰湿内聚, 肺络阻滞, 有困脾之势, 此为本病重点。指纹色紫, 痰郁化热初现。病入中期, 詹老以清肺豁痰为主要治法。清肺者, 肃肺、凉肺、廓清娇脏之谓也。豁痰者, 畅通气道, 祛痰外出, 为老师的重要治法。方中以旋覆花、炒苏子肃肺降气化痰, 地龙、天虫解痉通肺络, 杏仁、前胡、白前、浙贝清肺止咳化痰, 二陈燥湿杜生痰之源, 蝉衣、天虫、前胡、炒桑叶祛外邪。复诊时, 痰咳均减, 苔转薄白, 大便黏稠, 痰湿下行, 为肺胃渐开, 气机渐顺, 表邪痰浊渐去之佳象, 故去杏仁、前胡、白前、地龙、蝉衣，加紫菀、冬花、枇杷叶止咳化痰，茯苓、薏苡仁、神曲健运脾胃，杜痰之源。方中撷取旋覆花汤、苏子降气汤、止嗽散、升降散、二陈汤、半贝丸之部分药，用药轻清灵动，斡旋气机，呵护脾胃，因势利导，进退有序，看似信手拈来，实是深谙经典，切合儿体，读者当细细体会。

六、顿咳

病案一　颜某，女，4岁。

初诊：1979年7月24日。顿咳延已月余，痰鸣连声咳嗽不爽，夜间清晨为甚，有时有回声，伴呕吐，胃纳尚可，溲黄，大便干，苔中白腻，脉弦滑。拟清肺豁痰止咳之法。

处方：清炙桑白皮5g，浙贝8g，杏仁6g，竹沥半夏6g，化橘红5g，地龙6g，清炙白前6g，前胡5g，蒸紫菀6g，苏子（炒）5g，枇杷叶（去毛）6g，神曲6g。4剂。

二诊：8月1日。顿咳延已月余，平时外感易受，近日痰鸣咳嗽渐松，连声咳嗽次数已减，间有回声及呕吐，胃纳尚可，大便稍溏，溲黄，苔薄腻，脉弦滑，拟前方出入。

处方：清炙桑白皮5g，浙贝8g，化橘红5g，百部6g，蒸紫菀6g，前胡5g，清炙白前6g，地龙6g，枇杷叶（去毛）6g，粉沙参6g，炒苏子5g，炒薏苡仁9g。5剂。

三诊：8月6日。顿咳月余，近日连声咳嗽早晚尚有，有时呕吐，平时咳已减少，鼻门作痒，大便溏，溲黄，苔薄白，脉弦细，拟肃肺豁痰止咳之法。

处方：枇杷叶（去毛）6g，浙贝6g，粉沙参6g，百部9g，清炙白前6g，桑叶6g，蒸紫菀6g，茯苓9g，竹沥半夏6g，焦曲6g，剖麦冬6g，炒竹茹6g。5剂。

按语　痰火胶结，阻滞肺络气道，内扰犯胃，顿咳月余不愈。方用清炙桑白皮、浙贝、苏子清泻痰热为主药，杏仁、白前、前胡宣降并行，二陈杜痰之源，地龙通肺络解痉，枇杷叶、紫菀止咳化痰，神曲合二陈、枇杷叶和降胃气。此方重点在于清肺豁痰以制痰火胶结。二诊时即痰松咳减，痰火胶结之势已缓，虑及痰火久郁，伤及肺之气阴，加入沙参护之，并增百部镇咳。三诊时，痰火痉咳几平，予以清肃余邪，兼清养肺阴，健运脾胃，以利康复。

小儿稚阴稚阳之体，肺脏娇嫩，脾常不足，顿咳虽为痰火胶结，詹老不用大苦大寒之品，即使火重，亦仅加炒黄芩3g，此处更以增浙贝之量以代之，充分体现了詹老处处顾护小儿正气，激发引导机体正气以抗邪的学术思想。

病案二 单某，男性，4岁。

初诊：1991年11月17日。肺气素虚，平时汗多，外感易受，咳嗽久延，日前重感，咳嗽加剧，连声顿咳半月余，夜间为甚，伴有回声，昼夜二十余次，咳时弯腰曲背，面红目赤，痛苦不堪，服红霉素等西药时时呕恶，不欲进食，大便干燥，舌质红，苔白腻带黄。（查血白细胞计数27.7×10⁹/L，淋巴细胞89%，中性粒细胞11%），脉弦滑，治拟泻肺泄热，涤痰镇咳。

处方：清炙桑白6g，炒淡芩3g，清白前6g，杏仁6g，竹沥半夏6g，地龙6g，姜竹茹6g，前胡6g，炒苏子4g，化橘红5g，浙贝6g。7剂。

二诊：7剂后连声阵咳减至每昼夜5～6次，回声及呕吐不明显，胃纳欠振，大便干燥艰行，苔白腻而黄，前方去姜竹茹、化橘红加瓜蒌皮6g、枳壳3g、百部6g。7剂。

三诊：服药后痉咳缓解，咳痰转松，大便通润，胃纳渐增，舌苔薄白腻，拟清润肃肺，健脾化痰以收功。7剂而愈。

按语 患儿阵发性痉挛性咳嗽半月余，血常规示白细胞升高，淋巴细胞升高，诊断为百日咳。面红目赤，便干舌红中医辨证为肺热痰火郁结之痉咳期，治以詹老经验方泻肺镇咳汤，7剂后明显好转，但大便艰行，酌加瓜蒌皮、枳壳润肠通便，百部清润化痰，又7剂痉咳缓解，大便转润，进入百日咳恢复期，以清润肺金，健运脾土而收功。

病案三 叶某，女，6岁。

初诊：1991年11月23日。患儿阵发性剧咳二十余天。一月前因感冒出现咳嗽，经治疗感冒减轻，咳嗽至今未愈，且越咳越剧，呈阵发性痉挛性咳嗽，夜间为甚，咳后有回声，伴呕吐痰浊及胃内容物，时有痰中带血丝。经用西药止咳化痰、抗菌消炎、镇静及激素等，阵咳曾减少，但咳嗽仍较剧，每次约半分钟，咳时面红、弯腰、屈背，甚为痛苦，伴胃纳不思、大便干燥艰行。诊查发现面部眼睑轻度浮肿，眼眶周围皮肤有瘀点；眼结膜出血，右眼为甚；两肺呼吸音略粗，心（-），咽红充血，扁桃体（++）。舌质红，苔黄腻，脉弦滑。白细胞计数20.8×10^9/L，中性粒细胞0.38，淋巴细胞0.61，嗜酸细胞0.01。辨证为百日咳痉咳期（痰火郁肺灼络）。治法拟泻肺清热，镇咳祛痰之法。

处方：清炙桑白皮6g，浙贝6g，化橘红5g，杏仁6g，竹沥半夏6g，苏子4g，炒淡芩3g，前胡6g，清炙白前6g，地龙6g，炒竹茹5g，白茅根30g。4剂。

二诊：1991年11月27日。服药后咳嗽次数减少，时有作恶，痰中带血已少，胃纳增加，大便转润，眼睑仍浮肿，眼结膜出血未退。前方去黄芩，加藕节9g，7剂。

三诊：1991年12月4日。服药后阵咳明显减少，回声渐除，呕吐已止，眼结膜出血已消退，胃纳增加。苔白腻，脉弦滑。前方去杏仁、竹茹，加百部9g，制天虫6g，继服7剂。

四诊：1991年12月11日。痉咳缓解，咳痰转松，夜间已不咳，眼睑已不肿，诸症基本消除。以清润肃肺、健脾化痰调理而愈。

按语 百日咳痉咳期以迅速缓解痉咳为第一要旨。泻肺镇咳汤为詹老用以治疗痉咳的经验方。其组成为桑白皮、黄芩、浙贝、竹沥半夏、杏仁、苏子、白前、前胡、姜竹茹、化橘红、地龙。痉咳之病机为痰浊久恋，化热化火，痰火胶结，阻塞气道；刑金则咳，犯胃则呕，痰与火结，黏而难出，故连声痉咳不已，必待气道之痰随呕吐而出，痉咳方可暂得缓解。本方以桑白皮、黄芩清泻上焦肺火为主药，佐以浙贝母、竹沥半夏清肺祛痰；杏仁、苏子、前胡、白前宣降并行，祛痰镇咳；姜竹茹入肺胃，清肺化痰、和胃降逆；化橘红轻透邪热，疏畅肺气；地龙解痉通络。诸药合用，清泻宣降疏通并施，使火泄热清痰除，气道畅通，则痉咳缓解。

百日咳至痉咳期，气阴日渐暗耗，故本方特点为泻肺清热而不施大苦大寒之品，以防伤阴；祛痰镇咳也非峻猛之物，以免耗气，充分体现詹老治病用药时时注意不伐稚儿生发之气的学术思想。

詹老曾用此方加减治愈百日咳七十余例。

七、哮喘

孙某，女，成人。

初诊：1978年9月27日。哮喘病史已十余年，近日鼻塞不通，喉间痰鸣喘逆，咳嗽不多，夜间更甚，胃纳一般，大便溏薄，苔薄根腻，脉弦，拟清肺豁痰平喘之法。

处方：代赭石（先煎）18g，炒杏仁9g，旋覆花（包）12g，地龙9g，炙麻黄3g，浙贝9g，炒苏子9g，茯苓9g，化橘红6g，炒桑叶9g，炒莱菔子4g，制天虫9g。3剂。

附：上沉香3g，甘草2g，侧柏叶5g，上药研极细末，临睡前开水送服。

二诊：10月13日。哮喘病史已有十余年，日前外感引发，用药后有好转。近日又发，痰鸣喘逆鼻塞咳嗽，夜间喘甚，不得卧，胃纳一般，大便溏薄，苔薄腻，脉弦滑，拟前方出入。

处方：炙麻黄3g，炒苏子6g，旋覆花（包）12g，茯苓12g，竹沥半夏8g，浙贝9g，化橘红6g，前胡6g，代赭石（先煎）18g，地龙9g，神曲6g，冬瓜子12g。5剂。

三诊：10月22日。服药后已有好转，近日喘逆清晨有发作，较前为轻，咳嗽转松，有时鼻塞喷嚏，胃纳尚可，两便如常，苔薄根腻，脉弦细，拟前方出入。

处方：旋覆花（包）12g，炒杏仁9g，竹沥半夏9g，浙贝9g，化橘红6g，炒苏子8g，枇杷叶（去毛）8g，地龙8g，炒桑叶9g，前胡6g，蒸紫菀9g，辰茯苓9g。5剂。

四诊：10月26日。近有好转，喘逆渐平，喉痒咳嗽较松，咯痰不稠，胃纳尚可，两便如常，苔薄白，脉弦细，拟前方出入。

处方：旋覆花（包）12g，炒苏子8g，粉沙参6g，浙贝9g，化橘红6g，地龙8g，枇杷叶（去毛）9g，辰茯苓9g，竹沥半夏8g，炒桑叶9g，冬瓜子12g，生、炒谷芽各6g。5剂。

五诊：哮喘十余年，多因外感引发，近日外感喘逆较缓，咳嗽较松，有时鼻塞喷嚏，胃纳一般，二便如常，苔薄腻，脉弦细，拟前方再进。

处方：旋覆花（包）12g，杏仁9g，炒莱菔子5g，浙贝9g，地龙8g，化橘红6g，炒淡芩3g，竹沥半夏9g，蒸紫菀8g，炒苏子6g，冬桑叶8g，前胡6g。5剂。

按语 《素问·咳论》曰："五脏之久咳，乃移于六腑……久咳不已，则三焦受之；三焦咳状，咳而腹满，不欲食饮。此皆聚于胃，关于肺，使人多涕唾而面浮肿气逆也。"学习可知，反复咳喘以肺胃壅塞为主要病机，同时可及三焦。因而可悟出，关者宜开，聚者宜散，是该病的治疗原则。詹老遵《黄帝内经》之旨，治哮喘发作重在肺胃，兼及三焦。

　　其治肺胃，灵活撷取旋覆代赭石汤、三子养亲汤、二陈汤诸方。《神农本草经》谓旋覆花"味咸，温。主结气，胁下满，惊悸，去五脏间寒热，补中下气。"旋覆花质轻而能上行，味咸而能降逆，能升能降，梳理气机。《神农本草经疏》谓其味首系之以咸，故以下降为主。刘渡舟认为旋覆花既能疏肝利肺，又能散凝结之气。《重庆堂随笔》谓其有斡旋中气之能，并结合《神农本草经》的"补中下气"认为"世人谓其泻气，不敢施与虚体，岂不悖哉"。旋覆花能肃降肺气，疏肝理气，斡旋中气，散凝结之气，而不伤正，故詹老师治哮喘常喜用此为主药。佐代赭石镇逆气，降痰液，配旋覆花之疏利，使肝气条达而下行为顺。二子、杏仁、浙贝等利膈消痰，配之以降肺气。二陈汤燥湿化痰健脾，配之以斡旋中气。加地龙、制天虫通肺络定喘。同时，治及三焦，因本例初诊外邪尚束表，用三拗汤、桑叶疏表宣通上焦肺气，启郁平喘。成人患者，反复喘逆且较甚，夜间为重，用民间验方沉香侧柏叶散辛通温下焦肾气，纳气平喘。如此，关者开，聚者散，三焦通畅，气机通顺，津液流畅而去痰饮之患。其中，肺为娇脏，治病不耗肺之气阴；脾为后天之本，用药处处顾护脾胃，杜痰之本；治痰重治气，气顺痰自消；用药气味相伍，精细周到，这些都是詹老处方的精髓，值得我们学习。

八、婴儿惊泻

病案一　谢某，女，4个多月。

初诊：1979年12月2日。婴儿腹泻始于9月，延今三月余。泻下青稠不化带沫，酸臭，日七八次，时有肠鸣，夜寐不安，胆怯易惊，喉间有痰声，苔白腻，指纹淡紫。拟健脾疏肝分运之法。

处方：炒白术、炒白芍、陈皮、炒荠菜花、制天虫各5g，扁豆花、焦六曲、炒谷麦芽各6g，煨防风、煨木香各2g，扁豆衣9g，玉蝴蝶1g。3剂。

二诊：12月26日。服药后泻下次数减少，苔薄腻，指纹淡紫，拟前方去天虫，加姜半夏5g，钩藤6g。3剂。

三诊：12月29日。诸恙减轻，原方加减3剂。

四诊：1980年1月2日。婴儿腹泻转溏薄，日一二次，酸臭减，胃纳增，夜寐转安，喉间痰声渐除，苔薄白，指纹淡紫，拟健脾分运之法。

处方：炒党参、陈皮、藿香、楂炭各5g，焦六曲、炒白术、钩藤、炒谷麦芽各6g，辰茯苓、炒扁豆衣各9g，炒薏苡仁8g，煨木香2g。3剂。患儿至今泄泻未再作，发育良好，形体健壮。

按语 本案大便色青稠多沫，为风泻特征。陈复正《幼幼集成》记载："风泻，泻而色青稠黏，乃肝木乘脾。"肝为风木之脏，其色主青，故大便泻下色多青，木郁乘脾，脾湿不运，并走大肠，故泻下多沫，水分亦多，治用痛泻要方疏肝理脾，调和气机为主。妙在防风一味，味辛性温，不仅归肝入脾助芍、术以疏肝脾，且能疏风解表以祛外邪。煨木香、玉蝴蝶，以增疏肝理气之功，扁豆衣、花、焦六曲，炒谷麦芽以助脾运滞，炒荠菜花能消乳积，和脾胃，为婴儿腹泻之良药。诸药配伍，木郁疏，脾运健，则风泻除，嗣后，调理脾胃以善其后。

病案二 丁某，男，6个月龄。

初诊：1992年2月25日。婴儿腹泻半月余，泻下黏稠不化有沫，水分较多，日行七八次；溲不多，胃纳一般。曾自服婴儿素后腹泻次数略减，不日又增多，曾多次用西药不效，而请中医治疗。诊查发现患儿精神较好，活泼，面部湿疹，喉间痰鸣声，时有腹鸣，胆怯易惊，两肺闻及痰鸣音。舌苔薄腻，指纹淡紫。辨证为婴儿惊泻（肝脾失调）。治法拟健脾分运，疏肝行气之法。

处方：扁豆衣9g，扁豆花6g，煨木香2g，炒白术5g，陈皮5g，姜半夏6g，辰茯苓6g，玉蝴蝶2g，焦曲6g，炒谷麦芽各6g，制天虫6g，蝉衣2g，炒薏苡仁9g。7剂。

二诊：1992年3月3日。服药后大便水分减少，次数减为每天四五次，又加新感，稍有咳嗽，余症同前。前方去陈皮、制天虫，加桑叶6g，化橘红5g。7剂。

三诊：1992年3月10日。服药后新感已瘥，大便有时成形，日行一两次；溲清。前方去桑叶、蝉衣、化橘红，加炒荠菜花5g，焦楂炭6g，陈皮5g。7剂。

四诊：1992年3月17日。大便已成型，间日一次；面部湿疹渐隐，胃纳正常，夜寐欠宁、胆怯易惊。苔薄腻，指纹淡紫。拟前方去玉蝴蝶、荠菜花，加紫贝齿9g，炒心草两束以平肝安神。

按语 健疏分运汤是詹老治疗婴儿惊泻的经验方。主药为茯苓、白术、陈皮、荠菜花、焦曲、玉蝴蝶、朴花、煨木香、扁豆衣、扁豆花等。詹老认为婴儿惊泻之病机为脾虚肝盛，其脾虚既非脾气虚弱，也非脾阳不振，而是脾失健运，故以茯苓、白术健运脾土；其肝盛既非肝经实火，也非肝阳上亢，而是肝失疏泄，故以玉蝴蝶、朴花、陈皮等疏肝行气。肝脾和调，脾运得健，则不治泻而泻自愈。本方轻灵活泼，健脾疏肝而不伤气；质轻味薄，燥湿运中而不耗气阴，旨在鼓舞脾胃斡旋之机，以复升降出入之常，适应小儿"生机蓬勃""脏气清灵""随拨随应"之特性。詹老用此方稍作加减治愈惊泻三百余例。

九、胎黄

陈某，男，32天。

初诊：1979年12月19日。出生12天发现患儿皮肤、巩膜黄染，胃纳略减，夜寐不安，有时作恶，大便青稠不化，溲黄，苔白腻，指纹淡紫。拟清化湿热之法。陈皮、大腹皮、炒荠菜花、炒竹茹各4g，佩兰、广郁金、川朴花各3g，炒淡芩、玉蝴蝶各1g，炒谷麦芽各5g，灯心一束。3剂。

二诊：12月22日。胎儿湿热内蕴，肝大，胃纳不思，大便溏薄不化，溲黄少，苔薄腻，拟清利湿热，疏肝通络之法。

处方：陈皮、大腹皮、焦栀皮各5g，郁金、川朴花、藿梗各4g，西茵陈、鸡内金各6g，茯苓、薏苡仁各9g，忍冬藤8g。3剂。

三诊、四诊，上方加减，共6剂。

五诊：1980年1月2日。皮肤巩膜黄染渐退，腹鸣，时有嗳气，大便溏薄气秽，溲黄，苔薄白，指纹淡紫，拟宣化运滞之法。

处方：陈皮、大腹皮、郁金、藿香各5g，广木香、玉蝴蝶各2g，焦六曲、炒谷麦芽各6g，茯苓、炒薏苡仁各9g，制香附8g，灯心2束。3剂。

六诊：1980年1月5日。皮肤巩膜黄染已退，夜寐转安，胃纳稍思，大便溏薄，色稍黄，溲黄减，苔薄白，指纹淡紫，拟前方出入。

处方：冬桑叶、车前草、焦六曲、炒谷麦芽各6g，藿香、炒白术、川朴花各5g，辰茯苓、炒薏苡仁各9g，郁金4g，枳壳2g，玉蝴蝶1g。3剂。前后服药18剂而愈。

按语　胎黄又称胎疸，多因母体素蕴湿热之毒，遗于胎儿，或于胎产之时、出生之后，感受湿热邪毒。小儿脏腑娇嫩，形气未充，脾运不健，湿热之邪，未及时疏泄，遂蕴蓄于内而透发于外。本例患儿，出生后十二天发现胎黄，固与妊母有关，但详审诸症，兼见大便泄泻，泻下或青稠，或溏薄不化等症，乃与后天喂养不当，脾胃升降失司相关。詹老师立法用药除清利湿热外，重在疏肝通络、健脾运滞。正如《幼幼集成》所指出"……惟其脾虚不运，所以湿热乘之，治此者，无非暂去湿热，黄稍退，即速健脾，不得屡用消耗，而谓有是病，用是药也。"

十、周期性呕吐

鲁某，女，12岁。

初诊：1991年11月20日。患儿反复呕吐6年余。6岁开始反复呕吐，2周左右发作1次，每次3～5天，频繁呕吐，不能进食，吐出物为胃内容物及清水，时伴头晕，吐前有上腹不适，吐后稍稍缓解；平时常有嗳气胸闷，头晕肢倦，乏力纳呆，大便粗糙气秽，有时食后即便。辗转中西医治疗，虽能暂且缓解，但未能根治，患儿痛苦不堪，家长焦急万分。西医怀疑自主神经性癫痫及神经纤维瘤而住院检查。经各项理化检查，除血色素偏低外均属正常。听力、前庭功能、头颅摄片及胸部X线检查均无异常，CT检查亦无殊。出院时诊断为周期性呕吐，慕名请詹老诊治。即诊见面色萎黄，形体消瘦，昨起呕吐发作4次，食入即吐；吐出酸苦水及食物，头晕恶心，脘腹不舒，胃纳不振，倦怠乏力，舌质偏淡，舌苔白腻带黄，脉细弦。辨为脾虚不运，痰湿内阻，肝胃失和，拟健脾化痰，调和肝胃之法，方以温胆汤加减。

处方：姜半夏6g，茯苓9g，陈皮5g，炒竹茹6g，枳壳2g，炒淡芩2g，郁金6g，明天麻6g，神曲9g，炒谷芽9g，炒薏苡仁9g，川朴花5g。7剂。

二诊：1991年11月27日。服药后呕吐已止，头晕胸闷亦减，胃纳稍增，大便成形气秽，有时食后即便，舌苔白腻，脉细弦，上方去淡芩加佩兰9g，7剂。

三诊：1991年12月3日。服药后胃纳正常，精神好转，舌质偏淡，苔转薄白，脉细。上方去佩兰、竹茹、天麻加党参5g，炒白术5g，调理1月而愈。

随访至今2年余，呕吐未再发生，胃纳增加，面色红润，体重由原来29千克增加到33.5千克。

按语 本例患儿形疲面黄、神疲乏力，食后即便，舌淡脉细为脾虚之候；频频呕吐，苔腻带黄，脉弦为痰湿内阻，肝胃不和之象，虚实夹杂，当先去实，邪实不去，正气难复。故用姜半夏燥湿祛痰为主药；痰因气滞，陈皮理气祛痰；茯苓健脾渗湿；使湿去而痰消；炒竹茹和胃清郁热；枳壳行气助半夏消痰（小儿恐枳实破气太强而常用枳壳）。以上为温胆汤去甘草之中满、生姜之辛散，酌加郁金、朴花以助陈皮理气除痰；稍加黄芩以助竹茹清胃中郁热；薏苡仁、谷芽、神曲健脾导滞以运中州；天麻祛风治眩晕。全方共奏理气化痰，调和肝胃之功，使邪去而正安。服药后痰湿郁热得除，呕吐眩晕遂平。继以六君子汤加减健脾助运以杜生痰之源。

　　患儿肢倦乏力，形瘦面黄，此乃脾胃薄弱，运化不力，长期胃纳不佳所致，脾运失健日久则土虚木郁，肝胃不和以致恶心嗳气，呕吐频繁。其病位在胃，病机关键是脾虚失运，蕴湿生痰，痰湿内阻，日久胃中郁热，气机失于升降，湿扰清阳则晕，痰浊犯胃则呕。詹老用理气化痰，调和肝胃之温胆汤化裁，因辨证中的，却于平和之中见速效。反复6年之顽疾服药1月获根治。

　　温胆汤出自唐代孙思邈的《千金要方》卷十二胆寒篇。原方由半夏、竹茹、枳实、橘皮、生姜、甘草组成，用于治疗大病后虚烦不得眠，胆寒所致疾患。后也加入茯苓，亦名温胆汤，载于《三因极一病证方论》，沿用至今。有人认为本方是从二陈汤化裁组成，其实本方先自出唐《千金要方》，二陈汤则后出自宋《太平惠民和剂局方》，因此从二陈汤化裁之说，似属欠妥。温胆汤亦名温胆，实无温胆之药，具有理气化痰，清胆和胃之功。故罗东逸谓："和即温也，温之者实凉也。"因此《医方集解》把它列入和解门，属于调和肝脾的常用方。

　　温胆汤因其不寒不热，轻灵平和之性，燥湿化痰，调畅气机之功，适应小儿稚阴稚阳之体。詹老将其巧裁后还用于新生儿阻塞性黄疸，痰湿久恋之咳喘，湿蕴食滞之腹痛等病证，每获良效。

十一、右下肺炎伴脓疡

　　周某，男，3岁。

　　初诊：1992年11月11日。患儿咳嗽半年余，加剧一周来诊。患儿于1992年7月31日因咳嗽三天入院，此为第二次住院。第一次因"反复咳嗽月余，再发一周"于1992年6月19日～7月22日住院，咳嗽呈阵发性，夜间为甚，并有发热，体温39～40℃，偶见痰中鲜红血丝，经医大儿童医院治疗体温渐退而出院，但咳嗽未愈，转入杭州市第一人民医院。胸部X线检查示：节段性肺不张，考虑为支气管异物，五官科行支气管检查，未见异物，术后咳少热退，予以出院。本次于三天前又咳，阵发性，剧烈时持续一小时，夜间为甚，始有发热，曾用丁胺卡那静滴，体温退，仍咳嗽，再去杭州市第一人民医院住院。查体：T 37.1℃，R 20次/分，律齐，未闻及杂音，腹平软，肝脾无肿大，神经系统检查无殊，入院后予止咳，抗感染（氨苄西林、丁胺卡那、新青霉素、庆大霉素、甲硝唑等先后治疗，曾用头孢曲松钠针静滴13天）；支持疗法（输血2次共200ml）。作各项常规检查，免疫球蛋白检查均属正常，8月3日胸部X线检查报告：右肺下野感染伴脓疡形成。8月14日，8月24日，9月7日复查胸部X线检查同前，大小与前相仿，约1.5cm×1.5cm×3cm。住院期间曾患上呼吸道感染2次，体温上升到39.6℃，控制后转入非感染病房，并给大剂量青霉素和庆大霉素静滴，近10天来体温正常，咳嗽明显减少，两肺听诊呼吸音粗，啰音减少，精神好转，营养状况较差。曾用中医、理疗协助治疗，请胸外科会诊，认为脓疡不能缩小，脓疡存在，反复感染，建议手术。家长暂不能接受，要求出院，慕名而请詹老诊治。即诊：素体肺脾两虚，面黄形疲，发稀面黄，平时汗多，外感易受，今年7月住院诊断为肺炎伴脓疡，住院近半年好转出院，日前又新感，鼻塞流涕，痰鸣咳嗽不爽，伴有气逆，间有呕恶，胃纳不思，大便成形，小便短数，舌苔黄腻，指纹淡紫，听诊两肺呼吸音粗，右下肺仍有湿啰音，胸部X线检查示右下肺炎伴脓疡。治拟清宣豁痰运滞之法。

处方：蝉衣2g，制天虫6g，杏仁6g，竹沥半夏6g，浙贝6g，化橘红5g，茯苓9g，炒苏子4g，冬瓜子9g，炒竹茹6g，炒淡芩2g，地龙6g。7剂。

二诊：11月25日。因路途远，上方又服7剂，共服14剂后复诊，诊见鼻塞流涕好转，咳嗽转松，清晨咳多伴有呕吐，胃纳渐增，大便成形，日一次，小便色清，苔中白腻，指纹淡紫。外感已除，痰浊未尽，治拟清肃化痰运滞之法。

处方：清炙桑白皮5g，前胡5g，清炙白前6g，杏仁6g，竹沥半夏6g，神曲6g，浙贝6g，化橘红5g，炒苏子4g，炒淡芩2g，鸡内金6g。14剂。

三诊：12月16日。上方服14剂后咳嗽偶有，痰鸣已除，面色渐红润，胃纳增加，两肺听诊呼吸音清晰，啰音消失，复查胸部X线：两肺未见实质性病变，心膈正常，与杭州市第一人民医院检查相比，右下肺炎伴脓疡已吸收。治拟益肺固表、健脾化痰之法。

处方：炒苏子6g，杏仁6g，姜半夏6g，茯苓9g，炒白术5g，陈皮5g，炒薏苡仁10g，焦曲9g，炒谷麦芽各6g，防风3g，生黄芪6g，枳壳2g。7剂。

上方加减调理月余，胃纳正常，精神较好，性格活泼，体重较服中药前增加2千克，少有咳嗽，偶有感冒，不日即愈。

1993年5月17日去杭州市第一人民医院复查胸部X线：两肺正常，未见实质性病变与1992年9月7日胸部X线检查相比，右下肺炎伴脓疡已吸收。

按语 患儿咳嗽反复半年余，西医诊断右下肺炎伴脓疡，虽经抗感染和支持疗法治疗有所好转，但炎症及脓疡均未尽吸收。正气不足，抵抗力弱又导致反复感冒，咳嗽久延。由于肺脾两虚，痰湿未净又加新感，表里同病。故先用清宣豁痰运滞之法，外解表邪，内清痰浊及食滞，待表邪解除，咳嗽转松，则着重清肺气肃降化痰，助脾运杜生痰之源，使内蕴之痰浊渐化，固有之脾气渐振。用药轻清，祛邪而不伐正。西医的炎症、脓疡并非完全是中医的热证、实证，不能一味苦寒清热，消炎排脓，必须按照中医的理法方药辨证论治。

十二、低热综合征

黄某，男，7岁。

初诊：1992年10月17日。主诉：低热一月余来诊。患儿于9月19日因发热（T 39.8℃）咽痛、咳嗽，诊为上呼吸道感染，治疗1周后好转但低热至今未尽。曾于9月29日至10月14日在浙江医科大学儿童医院住院，入院时早晨体温正常，中午12时至下午3时许，体温波动在37.6～38.1℃，不咳，无恶心、无吐泻、抽搐，夜不盗汗，以低热待查入院。入院体检：T 37.9℃，P 98次/分，R 34次/分，BP 12.0/7.8kPa，神志清晰，面色萎黄，呼吸平稳，咽红，扁桃体Ⅱ°，枕骨后颈部及腹股沟各有两个淋巴结，如绿豆大，活动无压痛；两肺呼吸音清，心律齐且无杂音，腹软，肝脾肋下未及，神经系统阴性。实验室检查：血常规：Hb 10.2%，WBC 6600，L 73%，N 27%；二便无殊，肝肾功能正常，乙肝三系阴性，ESR 7mm/h，抗"O" 256以下，CRP（-），PPD、OT试验均阴性，肥达反应阴性，胸部X线检查正常，血培养阴性。骨髓检查家长拒做。临床诊断为低热综合征，经西医治疗16天，体温仍波动于37.4～37.7℃，患儿一般情况尚好，转中医门诊治疗。诊见低热月余，午后为甚，37.4～37.7℃，脾虚湿蕴，面黄形瘦，神疲乏力，胃纳一般。近加新感，咽红咳嗽，痰滞不爽达，时有恶心，大便成形，舌苔白腻，脉弦细。治拟清宣豁痰，化湿运滞之法。

处方：制天虫6g，蝉衣2g，炒牛蒡子5g，杏仁6g，炒桑叶9g，苏梗6g，竹沥半夏6g，浙贝6g，化橘红5g，炒淡芩2g，前胡5g，炒苏子4g。7剂。

二诊：1992年10月24日。脾虚湿蕴，面黄形疲，午后低热，T 37.7℃左右延已月余，日前外感服药后咽红渐减，痰鸣咳嗽稍缓，恶心渐除，胃纳一般，大便成形，舌苔薄白腻，脉弦稍数，拟前方出入。

处方：连翘壳6g，蒿梗6g，炒桑叶9g，竹沥半夏6g，杏仁6g，炒淡芩3g，浙贝6g，制天虫6g，白薇5g，化橘红5g，藏青果5g，炒谷芽9g。7剂。

三诊：1992年10月31日。服药后咽红减，咳嗽已瘥，午后体温在37.5～37.7℃，胃纳一般，时有脘腹不舒，大便成形量多气秽，日1～2次，小便量少色黄，舌苔白腻，脉稍数，拟芳化健运佐以清利之法。

处方：藿香5g，川朴花5g，佩兰6g，炒白术5g，陈皮5g，炒薏苡仁9g，神曲9g，炒谷芽9g，枳壳3g，姜半夏6g，炒淡芩3g。

四诊：1992年11月21日。上方加减服药21剂，低热已退，胃纳增加，脘腹不舒已除，面色渐华，舌苔薄白腻，脉细，拟健脾助运之法以资巩固。

处方：佩兰6g，炒苍白术各5g，陈皮5g，炒薏苡仁9g，川朴花5g，神曲9g，炒谷芽9g，枳壳3g，姜半夏6g，炒淡芩3g。

7剂后体温正常，诸症好转。

按语 患儿秋凉后低热一月余，经西医各项检查除淋巴细胞偏高外无其他阳性体征，诊断为低热综合征，慢性非特异性淋巴细胞增多症。根据中医辨证分析，面黄形疲、胃纳欠振，时有恶心，苔白腻，脘腹不舒等为湿困脾胃、湿蕴食滞所致，故用藿香、佩兰芳香化湿，姜半夏、陈皮、苍白术等苦温燥湿。神曲、谷麦芽等消积导滞，薏苡仁、灯心等淡渗利湿，初诊时兼见咽红咳嗽等外感表证，故治疗先以清宣豁痰，待外感瘥后再在化湿运滞中加蒿梗、白薇等清透郁热之品，服药一月，低热得解。追溯病史，患儿素体脾虚，长期胃纳不振，入夏后贪凉饮冷更伤脾胃，至秋凉后脾运难复，湿蕴食滞不化，复加外感，湿食化热，湿热蕴结则低热旷久。其内因主要为脾湿，湿不去则热难尽，故不能因发热则重剂解表伤卫阳，也不能一味苦寒清里更伤脾阳，只宜选用轻灵活泼之品，芳化清利并施，使三焦气机宣畅，湿热之邪从上中下分消，中州斡旋则低热自除。

（盛丽先 詹乃俊 李国荣 余 勤）

第五章

学 术 成 就

第一节　学术思想

一、诊治儿疾　肺脾为要

　　小儿具有脏腑娇嫩、形气未充、生机蓬勃、发育迅速的生理特点，决定了儿科疾病在病机及诊治上存在着与成人不同的规律。小儿脏腑薄、藩篱疏，对疾病的抵抗力较差，加之寒暖不能自调，乳食不知自节，一旦调护失宜则外易为六淫所侵，内易为饮食所伤。肺主气司呼吸，外合皮毛，小儿卫外机能未固，外邪每易由表入里，侵袭肺系，因而时行病、感冒、支气管炎、肺炎等肺系疾病较为常见。脾胃为后天之本，主运化水谷精微，为气血生化之源，小儿运化功能尚未健全，而生长发育所需水谷精微较成人更为迫切，故常易为饮食所伤，出现积滞、呕吐、腹痛、腹泻等脾胃疾患。所以临床脾肺两脏病证最为多见。明代著名医家万全提出"肺常不足""脾常不足"，也就是对小儿多见肺脾疾病这一生理病理特点的概括。据此，詹老临证将患儿分为肺气虚、脾气虚、肺脾两虚等几种体质类型。如肺虚体质平时多汗，易感外邪，即便是风寒感冒也不用荆芥、防风，以免辛散太过而更伤肺气，仅用苏梗、藿香、金沸草等微辛微温，微汗即可，外邪表散后必以玉屏风散之类益肺固表以扶助肺卫之气；对肺脾两虚者患肺炎后常易迁延，喉间痰鸣难消，肺部啰音久不吸收的特点，詹老从"肺为贮痰之器，脾为生痰之源"出发，用姜半夏、陈皮、炒白术、茯苓等健脾化痰，炒苏子、枇杷叶、冬瓜子等肃肺降气，肺脾同治，培土生金而获效。此外对遗尿、肾炎、紫癜、婴儿湿疹等非肺脾两经之病，辨证治疗也常从肺脾入手，如急性肾炎浮肿消退后，尿镜检红细胞久久不消，常用桑叶、蝉衣、连翘、玉蝴蝶、藏青果等宣肺利咽；薏苡仁、茯苓、荠菜花、丝瓜络等健脾利湿而收功；对遗尿患儿，虚者以黄芪、升麻、山药、益智仁、乌药等补益肺脾，升提中气，下病上治，湿热实邪者用藿香、佩兰、陈皮、朴花、车前草等宣上运中，分消清利。总之，对于小儿诸疾，詹老常从肺脾论治，尤其不忘鼓舞、顾护脾胃之气。肺之治节如常，脾之运化健全，小儿就能生机蓬勃，发育迅速。

二、处方用药　轻灵活泼

詹老以轻灵活泼之处方用药适应小儿"脏气清灵""随拔随应"之特性。轻者乃轻扬而不沉重，敏捷而不笨拙，活泼而不呆滞，清灵而不腻浊。具体用药质宜轻不宜重，味宜薄不宜厚，量宜小不宜大，方宜精不宜杂。盖质轻之品宣扬透发，以治上焦心肺之证尤为适宜，如桑叶、菊花、连翘壳、薄荷、竹叶等，轻清疏解之品达到轻可去实之目的。味薄之品无碍胃气，重浊易伐生生之气，正如叶天士所云："用有气无味之药"可治"无质之病"。非若重浊厚腻反致恋邪，如治疗婴幼儿腹泻，詹老常选质轻味薄的扁豆衣、扁豆花、玉蝴蝶、荠菜花、藿香等既可宣化气机，升清降浊，亦可拨动胃气，促进药液之吸收，加速腹泻痊愈。用量宜小者，常用量为4～6g，重者亦不过9g，轻者仅2g。如黄芩等苦寒，詹老认为少量有醒胃之功，其性则动，重用有碍胃之弊，其性则呆，故黄芩一般用2g；诸如枳壳、蝉衣、玉蝴蝶、木香等也仅用2g。总之药量过重不但易药过病所，亦伤胃气，脾胃受损不能受药，怎可治病？而轻量轻剂因势导邪，不伐无辜，且能顾护胃气，有健运苏复之功，无呆滞伤脾之弊。方宜精炼者，取药简力专，以免诸药纷杂性味混乱，而致相互牵扯。故詹老临床处方力求精炼以切中病机，仔细辨证，抓住疾病之根本，正如先贤张景岳所言："但能确得其本而撮取之，则一药可愈。"如小儿风热感冒有发热，咽痛咳嗽，又兼见呕吐、腹泻，甚或惊厥，詹老抓住其外感夹食滞的病机，治以疏宣运滞之法，诸症悉平；又如过敏性紫癜反复发作，抓住湿热胶结夹感风邪，关键又在湿的病机，仿叶天士三仁汤意，从上、中、下分消湿热而获愈。总之，能明其理，熟其法，则处方也简，用药也精。

灵者灵动，为使处方活泼不呆，詹老在配伍中十分注意调畅气机，无论外感内伤，在疏表、清热、豁痰、化湿、消导、补益诸法中无不配以芳香流通之行气药，使气机升降如常，邪去而正安。如治外感咳嗽，詹老认为肺主一身之气，痰随气运动，气滞则痰聚，气顺则痰消。故在疏表宣肺中必佐以化橘红、炒枳壳、川朴花等行气药，使气道宣畅、咳嗽转松，痰即随之而除；治小儿腹泻常配以玉蝴蝶、陈皮、木香等疏肝理脾行气之品，以复升降出入之常；对脾虚湿蕴引起的消化不良诸疾则常伍以藿香、制香附、大腹皮等香燥流动之品，使气机调畅，中州斡旋，湿亦随之而化；在补虚时更注意佐以八月扎、佛手片等流动之品以防呆滞。

以上可见，詹老处方用药轻灵活泼而独具匠心，不仅疗效显著，而且煎成药液清淡，苦味不甚，小儿易于接受，同时药价低廉，深受病家欢迎。

三、古为今用 不断创新

詹老先人三世业医，专擅儿科，在家父严格指教下，自幼熟读岐黄，尤其对儿科鼻祖钱乙的《小儿药证直诀》及明代著名医家万全的《育婴家秘》等深得其要，理论功底坚实，指导着其后的临床实践。但詹老师古而不泥古，善于应变，古为今用，不断创新。如治疗癫痫，博采众长，结合临证，创"定痫豁痰汤"，以天麻、地龙、僵蚕、郁金、当归、白芍、胆星等为主药，并辅以单方，用朱砂、儿茶各3g，纳入一具猪心内，入瓦罐文火炖熟，去渣，将猪心切片，蘸醋吃，每周1只，连服3～4只。总有效率达90%以上。对新生儿阻塞性黄疸，从小儿脾常不足考虑，在前人清利湿热的基础上，强调脾胃气机升降，发挥脾之健运作用以治黄疸之本，并适当佐以活血之品，使气行则湿化，血行则瘀除。常在茵陈汤中加藿香、制香附、大腹皮、川朴花等行气药及当归、红花、丹参等活血药。宁波婴儿童某，出生后黄疸月余不消，经当地医院治疗不效，日益加重转来杭州，某大医院诊断为"阻塞性黄疸"，无法治疗，劝其回家，家长抱着一线希望辗转找到詹老，经悉心辨治，服药二十余剂获愈，家长感激万分，投书《浙江工人日报》以"孩子得救了！"为题，鸣谢詹老。又如对当今小儿常有的厌食症，詹老认为是营养过剩、饮食失节，日久造成脾运不力，有不同程度夹滞夹湿的病理，创"脾虚夹湿"型，用藿朴夏苓汤化裁成运脾开胃汤，药用苍白术、朴花、陈皮、茯苓、姜半夏、神曲、枳壳等，不仅用于厌食者，也可用于外感或腹泻后脾胃功能未复，胃纳不思者，从传统的补脾气进而为运脾阳的治疗方法，充分体现了小儿健脾不在补，贵在运的学术观点。

（盛丽先）

第二节 医论医话

一、钱乙与《小儿药证直诀》

钱乙是中医儿科学术发展史上一位有杰出贡献的医家,从事儿科40余年,其学术建树由其弟子阎季忠收集整理,撰成《小儿药证直诀》3卷,上卷论脉证治法,中卷论医案23例,下卷为方剂114首,该书约刊于公元1119年,比西方最早的儿科著作要早350年。后世视《小儿药证直诀》为中医儿科的经典著作,尊称钱乙为"儿科之圣"。

1. 总结小儿生理病理特点

钱氏通过长期的医疗实践,总结出小儿的生理特点是"脏腑柔弱""五脏六腑成而未全,全而未壮"其病理特点是"易虚易实,易寒易热"在这一思想指导下,钱氏对小儿病的治疗,时时以妄攻误下为禁约。他说:"疳皆脾胃病,亡津液之所作也","小儿脏腑柔弱,不可痛击,大下必亡津液而成疳"。认为小儿病虽有可下之证,亦必"量其大小虚实而下之",切忌滥用攻伐泻下,若脾胃中州之气受损,后天生化不济,则严重影响小儿生长发育,并且提出在使用下药之后常须用益黄散等健脾之剂以善其后。

钱氏运用补法也结合小儿特点,认为小儿脏腑柔嫩,不能峻补蛮补,其首创之异功散以四君子加陈皮一味,使补脾能流动而不滞;制阿胶散专补肺阴,以牛蒡子、马兜铃等开宣肺气,使滋润而不壅塞。

2. 首创儿科五脏辨证体系

钱氏继承《黄帝内经》脏腑辨证理论,在《难经》《金匮要略》等诸家所论的启示下,总结出以五脏为纲的儿科辨证方法,为后世儿科学在辨证上做出了规范,提出"心主惊、肝主风、脾主困、肺主喘、肾主虚"的辨证纲领。

钱氏强调五脏分证,但并不把五脏孤立地看待,而是极为重视五脏间的相互关系及影响,认为五脏是不可分割的整体,如《小儿药证直诀·五脏所主》中讲："假如肺病又见肝证，咬牙多呵欠者，易治，肝虚不能胜肺故也。若目直，大叫哭，项急，顿闷者，难治，盖肺久病则虚冷，肝强实而反胜肺也。"同时钱氏十分强调人是一个统一的整体，主张从面部和眼部诊察小儿的五脏疾病，如左腮赤者为肝热，右腮为肺，额上为心。又如目赤者心热，黄者脾热，无精光者肾虚。钱氏这种既有区别，又有联系的五脏诊治方法确实是比较完整的儿科辨证论治基础，对后世儿科学的发展产生了深远的影响。如万全《幼科发挥》是以钱氏五脏辨证为提纲来分析有关疾病及进行治疗的；鲁伯嗣《婴童百问》一开始就以五脏辨证为重点，用问答方式来阐述，所举方剂亦广泛采用钱氏诸方；周震《幼科指南》将儿科主要疾病以五脏功能与病变为基础划分成五个类型加以分析阐述。此外，钱氏对疳证的五脏分型亦多被后世儿科著作所采纳，例如，《医宗金鉴·幼科心法》是按钱氏的分型标准论证疳证的。

3. 化裁古方　研制新方

钱氏在深究前人制方原则基础上共研制新方134方，其中丸制70方，散剂45方，膏剂6方，汤剂6方，外用7方。如颇有代表性的钱氏六味地黄丸，就是由《金匮要略》肾气丸化裁而来的。钱氏认为小儿"纯阳之体"，无须益火，便除去温热之桂附，作为幼科肾虚失音、囟开难合之补剂。尔后，金元四大家李东垣的益阴肾气丸，朱丹溪的大补阴丸都是由此方脱化而出的。明代薛立斋推崇本方为直补真阴之圣药，赵献可则将本方作为补养命门真水之专剂。因此，有人认为钱乙开创了滋阴派的先河。钱乙创造的有效方剂很多，有治小儿心热的导赤散，治小儿肺炎喘嗽的泻白散，治脾胃虚弱消化不良的异功散，治肺寒喘嗽的百部丸，治呕吐泄泻烦渴不已的白术散，治寄生虫病的安虫散、使君子丸等，迄今仍为临床所习用。

总之，钱乙《小儿药证直诀》对小儿的生理病理特点作了精辟的论述，它较早记载辨认麻疹法和记述百日咳的证治，为研究儿科必读之书，历代医家给予很高的评价，如曾世荣曰："其意径且直，其说劲且锐，其方截而良，其用功而速，深达其要，广操其言，万世不可掩其妙，四方皆可遵其说。"

二、四诊合参　望诊第一

望、闻、问、切四诊是中医诊断疾病的主要方法。在临床上四者不可偏废，不可孤立地看待某一方面，应以四诊合参，相互配合。但由于小儿有其生理、病理的特点，生长发育和病情反应均与成人有别，且乳婴儿不会言语，年龄较大的小儿亦往往不能正确诉说病情，加上就诊时常啼哭叫扰，影响脉象气息，给诊断造成困难，所以历代儿科医家都很重视望诊，将其列为四诊之首，认为"小儿病于内，必形于外"。詹老临床十分重视小儿望诊，认为小儿肌肤娇嫩，反应灵敏，脏腑病证每能形诸于外，比成人更为明显。尤其是面部及五脏苗窍的望诊更能反映脏腑疾病的病理变化，故《灵枢·邪气脏腑病形》指出："十二经脉，三百六十五络，其血气皆上于面而走空窍"。

正常小儿的面色应该红润有泽，说明先天肾气充足，后天脾胃功能健全，新生儿的正常面色呈嫩红。若面色萎黄，形体消瘦，腹膨大多为脾胃功能失调，常见于疳证；面色发青或鼻柱、口唇周围发青，往往是惊风或惊风先兆；面色白而少华，唇淡白多为血虚，常见于小儿贫血；面红目赤咽红多为外感风热或内有实热。詹老在面部望诊中特别留神山根的望诊，认为山根青筋暴露，是小儿脾胃薄弱，肺卫不固的体质状态，平素常易患感冒，消化功能薄弱，一旦患病，往往迁延，难以速愈。验之临床，这类患儿体质虚弱，特别是脾肺两虚，肝木易亢，常见多汗表卫不固，运化不力，容易罹患感冒，湿蕴食滞，厌食腹痛，夜寐不宁等病证，一旦感冒又咳嗽久延，痰湿难尽，在治疗上必须经过一段时间的调理扶正，才能逐步改善体质。

清代著名儿科医家陈复正《幼幼集成》的面部"形色赋"中提出"山根青黑，每多灾异"，陈氏注曰："山根足阳明胃脉所起，大凡小儿脾胃无伤则山根之脉不现；尚乳食过度，胃气抑郁，则青黑之纹横截于山根之位，必有延绵，故曰灾异"。詹老通过临床进一步体会到"山根青黑"主要表现在山根青筋暴露，"灾异"是特别强调体弱多病，难以速愈。

舌为心之苗，正常小儿舌体柔软、淡红润泽，伸缩活动自如，舌面有薄白润苔，新生儿舌红无苔和乳婴儿的乳白苔均为正常舌象。若舌质淡为气血亏虚，舌质红绛为内有实热，舌苔厚腻为乳食内积，小儿常见花剥苔（地图舌）多为胃之气阴不足，此类小儿可见长期胃纳不思、消化力弱，体质薄弱。

肺开窍于鼻，小儿常见鼻塞，为外感之象，鼻塞流清涕为风寒感冒，流浊涕为风热和肺经痰热，鼻煽多为肺闭，常在呼吸极度困难时出现，如肺炎、哮喘重症时。鼻出血为肺热或鼻腔内溃糜，要请五官科检查，若常鼻出血而鼻腔检查正常，兼见面色苍白，全身乏力等要注意血液病。

肝开窍于目，健康小儿黑睛圆大，灵活自如，神采奕奕，为肝肾气血充沛的表现。热病出现目翻上视，常为惊风；两目多眵或多眨眼常为肝火肝风；睡时露睛为脾虚；若眼泪汪汪，目红畏光，须防麻疹；巩膜色黄，为湿热蕴遏常见于黄疸。此外，临证中常听到家长诉说"孩子睡眠时眼睛似开似合，并不全部闭目。"这在中医儿科诊断中称为睡中露睛，先贤早有实践，并总结指出主要为脾虚之故，如夏禹铸《幼科铁镜》指出："眼皮属脾，脾虚故眼皮不能紧合。眼之半开半合，于熟睡中而露睛，此脾胃两伤之症。"

詹老认为素体脾虚患儿，必有"睡中露睛"并兼见面色苍白，神疲乏力，胃纳欠振，或厌食或腹泻。在病变过程中，若脾胃中气暗伤，其他症候虽未显露，仅有露睛也是一个值得注意的信号。如詹老治林姓女婴，泄泻月余，日六七次，胃纳正常，面色无异，用宣化分运法治疗后泄泻好转，次数减少为每天2～3次，但饮食稍多则泄泻次数增加，大便粗糙不成形，虽然无面色萎黄，胃纳不思，精神疲乏等脾胃症状，但问诊知其睡中露睛，乃于疏理分运中加入益气健脾的黄芪、党参、苍白术、薏苡仁等，7剂后大便成形，每天一次，又七剂而愈。以后大便一直正常，睡中露睛也消失，随访至今，生长发育良好。可见，在四诊合参中，睡中露睛乃是脾胃虚弱的一个重要指征，不能不特别加以注意。

脾开窍于口，唇色淡是气血不足，唇青紫为血瘀或寒证，唇红干燥为阴虚内热或实热伤津；咽喉是呼吸与饮食的通道，与肺胃相通，故诊小儿病，必须检查咽喉，咽红发热为风热外感；咽红乳蛾肿大为外感风热或肺胃之火上炎；口腔舌部黏膜破溃糜烂，为脾胃积热上熏；若满口白屑，状如雪口为鹅口疮；若二颊黏膜有白色小点，周围红晕为麻疹黏膜斑。

肾开窍于耳及前后二阴，小儿耳壳丰厚，颜色红润是先天肾气充沛的表现，反之则肾气不足，体质较差。耳内疼痛流脓为肝胆火虚，以耳垂为中心的漫肿疼痛为流行性腮腺炎。肛门瘙痒，要考虑蛲虫。尿布皮炎及蛲虫均可引起前后二阴潮红疼痛及尿频。

除上述望面色，审苗窍外，望神、望形态、望斑疹、察二便也可反映小儿在生长发育、病变脏腑、病情性质、疾病轻重等方面的情况，也是小儿望诊不可忽视的重要内容。故清代石寿棠《医原·卷下·儿科论》特别提出："小儿亦以四诊为法，望色、望苗窍为第一。"

三、调理脾胃　医中之王道

钱乙的异功散、白术散等是儿科益气健脾的名方，尔后李东垣、陈文中、万密斋诸贤均将幼科之调补脾胃发展到新的水平，故在调治儿科疾病方面从脾胃着手更有所创新。如感冒、咳嗽、哮喘等呼吸道疾病必以调理脾胃而善后，对消化道疾病厌食、积滞、疳证、腹痛、呕吐、泄泻等又从益气、健脾、运脾、芳化、燥湿、运滞、理气、消导等各法配伍来调理脾胃达到治病之本的目的，对其他系统病证如遗尿、紫癜、婴儿湿疹也常以调理脾胃而获愈。

小儿生机蓬勃而营养之供给，常呈相对不足，表现为阳常有余，阴常不足的状态。其阴不足者，一指小儿天癸未至，肾水不充，二指营阴之精微往往供不应求，在整体的阴平阳秘上，脾胃营阴是关键。因为小儿生长发育，必赖脾胃营养之供给，先天肾气固为生发之动力，但"元气之充足，皆由脾胃之气无所伤，而后能滋养元气"（《脾胃论》），即是后天之气对于肾气的滋养。所以《景岳全书》指出："人之既生，由于水谷之养……非水谷无以成形体之壮。"临床常见小儿先天强者若后天喂养不当，脾胃失调仍易多病，而先天弱者，只要能对脾胃调摄适当，仍能健壮生长。

病理上，小儿以外感伤食为多发病，均不离脾胃之损，而其易寒易热，易虚易实的变化，亦与脾胃有关。小儿体质有偏寒偏热，除先天因素外，每因于饮食偏嗜，多进炙博厚味，燥热伤津，邪易化火；恣食生冷冰饮，阳伤里寒，邪从寒化。脾胃虚弱之小儿，真元必薄弱，感邪之后正气易耗而化源难继。疾病好转时邪祛正衰。形神之复原又全赖脾胃之功能。因此无论从生理上、病理上均说明脾胃对小儿的重要性，把调理脾胃作为治疗、预防、护养小儿的首要环节是有充分理论及实践依据的。故而，明代著名医家万密斋强调"调理脾胃，医中之王道"。

四、重视感冒的治疗

感冒俗称"伤风"，是小儿时期最常见的外感疾病。临床以发热恶寒流涕、打喷嚏、咳嗽为主要症状，一年四季均可发生，气候变化及冬春两季发病率较高。虽然一般患儿症状较轻，预后较好，但年幼体弱者临床表现往往较重。由于小儿发病容易变化迅速的病理特点，感冒也极易演变成

浙江中医临床名家·詹起荪

支气管炎、肺炎及引发哮喘，而且感冒也是某些急性传染病的早期表现，所以临床必须重视。疏表宣肺适当清热是基本治疗方法，亦不忽视兼证的治疗。

1. 基本治法——疏表、宣肺、适当清热

（1）疏表：感冒系外邪引起，病在肌表肺卫，属于表证、实证，其治总以疏表为主，《幼科释谜》说："当其感冒，浅在肌肤，表之则散，发之则祛，病斯痊。"然外邪有轻重，性质有寒热，故治疗时必须加以辨证，治有辛温辛凉之别。如形寒头痛、鼻塞清涕、无汗，不论有无发热，多系感受风寒，宜辛温发汗。但小儿发汗宜用轻剂，临证可酌选苏梗、金沸草、藿香、淡豆豉、葱白等，从不用麻黄、桂枝等辛温重剂；如感冒浊涕或咽红疼痛为主，不论有无发热，多为风热感冒，宜辛凉解表，临证可酌选桑叶、蝉衣、菊花、薄荷等，若寒热不明显亦可用这些辛凉解表轻剂清宣透泄，以防表邪入里化热。疏表虽为感冒的重要治法，但处方中一般选择2～3味即可，因小儿卫阳薄弱，疏表太过易出汗不止，又招感冒，临床常见一次感冒刚好又接上新的感冒，这无不与疏表太过有关。我们也常见到某些小儿感冒后出汗不止，特别是夜间汗多，这与感冒时发汗太过不无关系，所以疏表祛邪以防损伤卫阳是治疗感冒时必须注意的问题。

（2）宣肺：宣肺指宣畅肺气来治疗喉痒、咳嗽、痰滞或痰多等肺系症状。因肺主皮毛而司卫气，咽喉为气道出入之门户，外邪袭表，必累及肺，解表药多不离肺经，宣肺也能协助解表，故临床治疗感冒必须两者为伍，相得益彰。喉痒可酌加蝉衣、苏梗、玉蝴蝶等轻扬宣散；咳嗽可酌加牛蒡子、化橘红、前胡、杏仁、制天虫等宣化风痰；咽红肿疼用藏青果、山豆根清利咽喉；痰多者偏湿用姜半夏、陈皮，偏热用竹沥半夏、浙贝母等。感冒咳嗽是因外邪束肺，肺气失宣所致，只能疏散宣发，不能强硬止咳，越止则邪不透达，咳越不宁，故诸如枇杷叶、紫菀、冬花、川贝等止咳药在感冒初期绝对不用。

（3）清热：感冒时用清热药，多用辛凉解表剂来治疗风热之邪，或是风寒感冒有入里化热之势，用以帮助解热，因而以清轻为原则不能大苦大寒，可酌选连翘壳、淡豆豉、清水豆卷、炒淡芩、焦栀皮等，只宜在处方中配伍1～2味，药量亦不宜过重。所以清热法在感冒的治疗上不是主要的，只要"适当"即可，如果离开了疏表宣肺，单用清热法治感冒是不妥当的，因其多寒凉，有遏邪之弊。

浙江中医临床名家·詹起荪

2. 兼证的治疗

感冒夹痰者佐以宣肺化痰；夹食滞者佐以消食导滞；夹惊者佐以安神镇惊或平肝息风。疏表、宣肺、适当清热是治疗小儿感冒的基本原则，但小儿脏腑娇嫩，尤其是肺脾常不足，肝常有余，故临床常见挟痰、挟滞、挟惊的兼证。

（1）挟痰：肺脏受邪、失于宣肃、气化不利、津聚为痰，以致痰阻气道可使咳嗽加剧或喉中痰鸣，此为感冒挟痰，若受邪较重，或素体虚弱，可导致肺气郁闭发展为肺炎喘嗽。治疗时必须在疏表宣肺中加用化痰药，风寒者酌选炒苏子、白前，风热者酌选竹沥半夏、浙贝，因痰而喘者加旋覆花、桑白皮等。

（2）挟滞：小儿脾常不足，感受风邪，往往影响脾胃功能，稍有饮食不节，每致饮食停滞不化，阻滞中焦，出现脘腹胀满，不思乳食或伴有呕吐、泄泻等症，此为感冒挟滞。必须在疏表宣肺中加消食导滞之品，临床可酌选谷麦芽、焦曲、焦楂炭、鸡内金。若哺乳婴儿常选用炒荠菜花。

（3）挟惊：小儿神气怯弱，感邪之后，容易导致心神不宁、扰乱肝经，出现一时性惊厥。此类惊厥，属于风邪在表，郁而化热所致，与邪陷厥阴不同，此为感冒挟惊，《幼幼集成》称之为"伤风发搐"。常在疏表宣肺中佐以祛风平肝安神镇惊，临床常酌选蝉衣、钩藤、制天虫、灯心草、辰茯苓，重者可选紫贝齿平肝息风。

此外，夏季感冒挟暑邪，佐以藿香、青蒿、六一散等，鼻塞较甚用苍耳子、望春花等，大便干结难行用瓜蒌皮配枳壳，脘腹不舒用制香附、大腹皮等。

总之，感冒治疗不当会迁延日久，特别是一开始感冒不辨寒热就用板蓝根冲剂、蛇胆川贝液或滥用抗生素，反使邪不能外达而内伏，可造成小儿咳嗽加剧，或久延不愈。因而小儿感冒的治疗必须辨别偏寒热之性，挟痰、挟滞、挟惊、挟暑等一系列兼证，在疏表宣肺的基本治法上适当加减配伍，决不能一见发热就用苦寒清热，一见咳嗽就用止咳化痰。

3. 验案举例

于某，男，3岁。

初诊：1992年9月15日。主诉：肺气素虚，平时多汗，日前外感挟食滞、身热咽红、清晨多喷嚏、痰滞咳嗽不爽，伴有恶心、胃纳欠振、大便气矜、溲黄而浑、舌苔薄白腻、脉弦数，治拟清宣豁痰、和胃运滞之法。

处方：连翘壳6g，蝉衣2g，制天虫6g，炒淡芩2g，炒牛蒡子5g，前胡5g，竹沥半夏6g，炒苏子4g，化橘红5g，浙贝6g，炒楂炭6g，苏梗6g。7剂。

二诊：1992年9月22日。服药后身热已退，咽红渐减，痰滞咳嗽转松，恶心已少，胃纳一般，大便成形，溲渐轻，苔薄腻，脉弦滑，拟前方出入。

处方：炒桑叶9g，甘菊6g，竹沥半夏6g，浙贝6g，化橘红5g，炒苏子4g，炒淡芩2g，前胡5g，制天虫6g，神曲9g，炒谷芽9g，藏青果（打）5g。7剂后愈。

五、哮喘从脾胃论治

哮喘是小儿时期常见的一种以发作性的以哮鸣气促、呼气延长为特征的肺部疾患。随着工业的发达、生活水平的提高，近年来哮喘发病率增加，严重影响小儿的生长发育。

詹老治疗小儿哮喘的经验，可以归纳为两个方面，一是重在疏风散寒，宣肺达邪；二是从脾胃论治。现分述于此。

（一）疏风散寒，宣肺达邪为首要

詹老认为哮喘病人体质多过敏，在诸多过敏因素中，对风寒之过敏者为最甚，常因冒风感寒而触发哮喘。此时治疗必须疏风散寒，宣肺达邪，即顺其生机，祛邪外达，切忌寒凉遏伏。詹老最反对一见咳嗽便用蛇胆川贝液、猴枣散，一见发热就用板蓝根、大青叶、石膏等，使寒邪遏伏于里，不得透达，是舍本逐末，损脏腑之功能，逆固有之生机。外感失治误治易成为内伤痼疾之理即在此，事实上临床有较多哮喘是外感风寒之感冒误治而致。对于哮喘因风寒而触发者，詹老常用苏梗、金沸草、苏叶、桑叶等辛散疏风达邪，用前胡、杏仁、姜半夏等宣肺化痰，用旋覆花、苏子等降气化痰，酌情选用蝉衣、制天虫、地龙等虫类药，它们有解痉平喘抗过敏的作用，与疏风散寒、宣肺达邪之品配伍运用，辨病与辨证相结合，相得益彰。

（二）从脾胃论治哮喘

哮喘的发病机理主要是痰饮久伏，遇到诱因，一触即发，反复不已，其中伏痰是哮喘的病根所在。而"肺为聚痰之器，脾为生痰之源"，治痰必从脾胃开始，故詹老治哮喘从脾胃立论，发作期多从胃治，缓解期多从脾治，脾气健旺，既能生化气血以扶元，又能杜绝聚湿酿痰以治本。

1. 发作期从胃论治

哮喘发作期的主要症状是咳嗽气急、喉中哮鸣、胸闷不舒，甚则不能平卧、唇口青紫，舌苔腻，脉滑。詹老认为其病机关键是痰阻气道，肺失肃降，胃失和降。脾胃为升降出入枢纽，胃气顺降，肺气亦随之肃降，故当胃而治，以降逆和胃，肃肺化痰为主要治法。用旋覆代赭汤加减。常用药物有旋覆花、代赭石、姜半夏、炒苏子、杏仁、地龙、制天龙。若因风寒引发哮喘者兼见恶寒发热、无汗而喘、咳嗽痰稀、面色少华、苔白腻而滑、指纹淡滞加苏梗、金沸草、藿香、白前等疏风散寒，宣肺化痰；若为风热引发者或寒邪入里化热，症见咳嗽痰稠色黄、身热面红、尿黄便干、苔黄腻质红、脉弦滑或指纹色紫加竹沥半夏、浙贝、清炙桑白皮、瓜蒌皮仁等宣肺豁痰，润肠通腑，使肺经痰热从胃肠而泄。

2. 缓解期从脾论治

哮喘患儿常常内有壅塞之气，膈有胶固之痰，因外感非时之气而诱发，其中内有伏痰是发作的主要原因。故缓解期必须从控制痰的来源来治疗。痰为津液停聚的病理产物，脾主运化水湿，脾气健运则体内津液代谢正常，无停聚凝结之患，痰就无从而生。若脾气虚弱，失于健运，水湿不行，停聚中焦，变生痰饮，痰随气升降，上逆于肺则影响肺之宣降，气道失于通畅则咳喘痰鸣。故健运脾土是杜绝生痰之源的根本法则，小儿脾常不足，脾就显得更为重要。詹老常以姜半夏、茯苓、陈皮、苍白术等健脾燥湿，配合炒苏子、枇杷叶、白前、制天虫等肃肺豁痰品用于缓解期治脾。

（三）验案举例

唐某，女，8岁。

初诊：1992年12月13日诊。主诉：肺气素虚，有痰喘病史2年，经常外感引发，日前又发，咳嗽痰滞不爽，胸闷气急，喉中哮鸣，胃纳欠振，大便难行，舌苔白腻，脉弦滑，治拟宣肺豁痰降逆和胃之法。

处方：旋覆花（包）6g，杏仁6g，制天虫6g，浙贝6g，化橘红5g，地龙6g，炒苏子4g，蝉衣2g，代赭石（先煎）9g，枳壳3g，瓜蒌皮8g，竹沥半夏6g。7剂。

二诊：1992年12月20日。服药后痰鸣气急渐平，咳嗽转松，次数减少，大便转润，胃纳欠振，舌苔薄腻，脉弦滑，拟清肃豁痰，健脾助运之法。

处方：旋覆花（包）6g，杏仁6g，制天虫6g，炒苏子4g，姜半夏6g，陈皮5g，清炙白前6g，炒枳壳2g，炒谷芽9g，神曲9g，炒淡芩2g，茯苓9g。7剂。

三诊：1992年12月27日。咳嗽好转，偶有轻咳，胃纳渐增，大便转润，舌苔薄腻，脉滑，前方出入。

处方：上方去旋覆花加炒枇杷叶9g，7剂。

四诊：1993年1月13日。咳嗽已无，舌脉如前。

处方：上方去杏仁、制天虫、白前加党参5g，炒白术5g，炒薏苡仁10g调理月余。随访至今，哮喘未发，即使受寒感冒，服药即愈。

按语 本患儿哮喘反复发作二年，首诊用旋覆代赭汤加减，降逆和胃，肃肺化痰，合蝉衣、化橘红、杏仁疏宣化痰，宣肃并用，解表清里同施，邪去痰松，气道通畅。复诊时以二陈汤加清肃化痰之品，肺脾同治，后以六君子汤加减健脾化痰以善后。说明脾气健旺，运化正常，内伏之痰可除，生化有源是治疗哮喘的根本。

总之，哮喘因外感而诱发者，首先必须宣肺达邪，使风寒、风热之邪从表而解，发作时在疏表宣肺祛邪的同时从胃治，随着胃气的顺降、肺气亦随之而降，缓解时重在健脾燥湿助运以杜生痰之源，并注意饮食宜忌。

六、婴幼儿惊泻治疗经验

1. 惊泻的临床特征

婴幼儿泄泻是指一个月到三周岁的小儿排便次数增多，大便稀薄或水样而言。惊泻是婴幼儿泄泻中的一个类型，好发于六个月以内的婴儿。临床特征为大便泻下青稠不化有沫，水分较多，每天少则四五次，多则十余次，便时稍有不畅感，平素胆怯易惊，寐时多汗，容易罹患外感，多有湿疹病史，精神尚可，胃纳欠振，舌苔多薄白或薄腻，指纹淡紫，若不注意调治，往往缠绵难愈。祖国医学儿科典籍中曾有记载，如《小儿卫生总微方论》曰："泻色青，发热有时，睡卧不安者，此惊泻也。"《证治准绳》谓："惊泻粪青如苔，稠若胶黏，不可便止……"，指出惊泻以大便色青，稠黏不化为主要特征。

2. 对惊泻病因病机的认识

詹老师从小儿生理病理特点出发，结合古典文献记载，通过长期临床实践，认为婴幼儿惊泻主要是肝脾功能失调所致，脾虚肝旺乃惊泻病机关键所在。小儿脏腑娇嫩，形气未充，在生长发育过程中，主要依靠脾胃不断吸收饮食营养而资之以为生。小儿生机蓬勃，发育迅速，对水谷精微的需求量相对较成人更为迫切。然小儿脾常不足，脾胃的运化功能尚未健全，这就形成了营养需求大而相对脾气不足的内在矛盾，加之小儿饮食不知自节，寒温不能自调，无论外感内伤均易造成脾胃功能紊乱而引起泄泻。小儿稚阴稚阳，脾常不足，肝常有余，体内阴阳之动态平衡及肝脾两脏之相互制约的生理关系处于相对不稳定状态，稍有偏颇则脾易虚而肝易旺，加之小儿神气怯弱，见闻易动，大惊卒恐，每易导致肝木亢旺，乘侮脾土，脾失健运，乳食不化而泄泻。

3. 治疗惊泻的主要方药

鉴于脾虚肝旺为惊泻的主要病机，詹老师以健脾扶运、柔肝镇惊为治疗本病的基本法则。采用《医宗金鉴》益脾镇惊汤和刘草窗痛泻要方加减化裁治之。常用方药为炒白术、辰茯苓、炒白芍、防风、陈皮、钩藤、炒荠菜花、炒扁豆衣、炒扁豆花、焦曲、玉蝴蝶、煨木香、藿香等。若兼见外感鼻塞酌加苏梗、蝉衣，咳嗽不爽者酌加前胡、浙贝，痰鸣咳甚者酌加制天虫、竹沥半夏，小便量少者酌加灯心草、车前草；大便气臭、尿黄者酌加炒淡芩等；胃纳不思酌加炒谷麦芽、楂炭；脘腹不舒酌加朴花；脾虚甚，面色不华者酌加党参；湿疹流汁水选加炒薏苡仁、地肤子、白鲜皮等。

4. 46例惊泻患儿临床分析

（1）性别及喂养情况：46例中男性24例，女性22例，单纯以母乳喂养者11例，人工喂养4例，其余31例均为混合喂养。

（2）发病年龄：1～6个月29例，7～12个月16例，1年以上1例。

（3）泄泻天数：1～3天2例，4～7天9例，8～15天9例，16～30天16例，31天以上10例。

（4）泄泻次数（以次/日计算）：5次以下17例，6～10次23例，11次以上6例。

（5）治疗结果：治愈31例，好转14例，无效1例。

（6）疗效评定标准：①治愈：大便每天不超过2次（含2次），大便性状转为正常软便，全身症状消失。②好转：大便次数较治疗前明显减少，大便性状基本成形，全身症状基本消失。③无效：大便次数、性状及体征均无

改善或恶化。（治疗时间均以二周为限）

5. 验案举例

沈某，女婴，3个月。

初诊：1979年12月19日。主诉：泄泻半月余。患儿泄泻延已半月余，泻下青稠不化有沫便，水分较多，日十余次，胃纳略减，平时汗多，胆怯易惊，时有呕吐腹痛，苔薄白，指纹淡紫。拟健脾扶运、疏肝镇惊之法。

处方：扁豆衣9g，扁豆花6g，辰茯苓9g，煨木香2g，藿香5g，炒白术5g，焦六曲6g，炒荠菜花5g，钩藤6g，炒白芍5g，防风2g，陈皮5g，玉蝴蝶2g。4剂。

二诊：服上药后，患儿泄泻减至每天7～8次，又夹新感，鼻塞不通，夜寐不宁，前法佐疏宣，上方去白芍、白术，加蝉衣2g，苏梗4g，3剂。

三诊：外感渐除，泄泻每天3～4次，大便转溏薄，尿增多，夜寐渐安，胃纳欠振，舌苔薄白，指纹淡紫，拟健脾扶运，佐以柔肝之法。

处方：党参5g，辰茯苓9g，炒白术5g，木香2g，陈皮5g，炒白芍5g，炒谷麦芽各6g，焦曲6g，炒薏苡仁9g，玉蝴蝶2g，炒扁豆衣9g。4剂而愈。

七、复发性过敏性紫癜从湿热论治

小儿过敏性紫癜是一种毛细血管变态反应性疾病，以皮肤紫癜、消化道黏膜出血、关节肿痛和血尿为主要临床表现的综合征。好发于学龄儿童。祖国医学无此病名，可归属于"发疹""肌衄""血证"等范畴。

（一）湿热胶结是紫癜复发之关键

詹老认为，小儿过敏性紫癜容易反复发作之病机与湿热胶结、蕴郁中焦、内伏血分密切相关。小儿脾常不足，喜凉饮冷，湿阻中州，日久湿郁化热，湿热内蕴。加之小儿腠理不密，表卫不固，易感外邪，肝常有余，素体阳热，外感之邪每易从阳化热，与内蕴之湿热相搏，伏于血分，灼伤脉络，留于肌肤则皮肤紫癜；湿阻气滞，郁于肠胃则腹痛；流注关节则关节肿痛；下灼膀胱则血尿。湿性黏滞，湿邪为病常缠绵难愈。本病之湿又常与风、热之邪胶结，难解难分，促使病情反复，病程迁延。因此临床所见过敏性紫癜患儿即便缓解后仍有四肢困倦、胸闷纳呆、口苦尿少等湿热内蕴之象。同时，常因外感风邪引起急性发作，而兼见发热、咽红疼痛、咳嗽等上呼吸道感染症状。说明本病的发生与复发除热邪外，与内蕴之湿、外感之风无不相关。

（二）湿遏热伏当先化湿，湿去热孤

湿热胶结是湿遏热伏，热处湿中，热以湿为依附，湿不去则热不清，故治当化湿为先，使湿去热孤。由于三焦气化失司是内蕴湿热的病理基础，故治湿热又当以调畅三焦气机为首要环节。正如《柳宝诒医案》中指出"湿热两感之病，必先通利气机，气水两畅，则湿从水化，热从气化，庶几湿热无所凝结。"据此，詹老仿叶天士轻淡宣通湿热之法，选择杏仁、清水豆卷、桑叶、白菊花、前胡等药，轻开肺气以宣上焦；用藿香、佩兰、石菖蒲芳香化湿及苍术、白术、姜半夏等苦温燥湿以和中焦，用茯苓、薏苡仁、忍冬藤、灯心草等淡渗利湿以通下焦，并适当佐以枳壳、郁金、陈皮、制香附、大腹皮等行气之品，以增强其通阳化湿之功，使三焦气机宣畅，湿热之邪从上中下分消。

（三）清透血中伏热以防复燃

在宣畅三焦气机，分化湿热的同时，詹老不忘清凉透泄血中之伏热，常配以蝉衣、僵蚕两味虫类药。盖蝉衣性微凉，擅解风热，清代温热学家杨栗山氏称其"轻清灵透，为治血病圣药"；僵蚕味咸辛而性平，具有散风泄热、平肝解毒之功。詹老认为，蝉衣伍僵蚕能清透达邪，发散诸热，拔毒外出，从而使湿热胶结、壅遏肌肤、内伏血分之紫癜能透而达之、泄而清之。据现代药理研究，二药均具有类皮质激素样作用，临床实践证明其有激素样作用而无激素样副作用。因此，二药是治疗小儿过敏性紫癜辨病与辨证相结合用药的良好选择。

（四）验案举例

叶某，女，11岁。

初诊：1991年12月29日。主诉：患儿1989年4月前因皮肤紫癜而住院，西医检查诊断为过敏性紫癜，经激素治疗好转出院。去年五月又第二次发作，日前感冒发热，咽喉痛又发现皮肤紫癜，因不愿再用西药而转请中医治疗。诊见：臀部及下肢紫癜较密集，时有腹痛，胃纳不思，膝关节疼痛无红肿，身微热，咳嗽不爽，大便干燥，小便黄少，舌苔薄腻带黄，脉弦滑。尿镜检：红细胞（＋），查血常规及血小板均正常。此乃素蕴湿热，夹感风邪所致。治宜宣化分运，清透达邪。

处方：连翘6g，清水豆卷6g，藿香5g，苍白术各3g，杏仁6g，制僵蚕6g，蝉衣3g，广郁金5g，枳壳3g，忍冬藤9g，丝瓜络9g，前胡5g。7剂。

二诊：1991年11月19日。服药后热退咳减，除臀部及踝关节周围外其余紫癜均隐退，胃纳渐增，关节酸痛好转，尿检红细胞少许，舌苔白腻，脉弦滑。上方去连翘、前胡、清水豆卷加佩兰9g，制香附9g，白茯苓9g。又服14剂，紫癜全部隐退，尿检正常。继以健脾化湿调理月余。随访至今，紫癜一直未复发。

八、蝉衣配天虫在儿科临床的运用

蝉衣与制天虫均为虫类药，詹老在辨证论治基础上通过恰到好处的配伍，用于治疗小儿感冒、支气管哮喘、流行性腮腺炎、过敏性紫癜等多种疾病，临床疗效显著，兹将其配伍及运用经验总结于此。

（一）宣肺泄热疗感冒

小儿脏腑娇嫩，肌肤疏薄，卫外不固，最易罹患感冒。因其阳常有余，阴常不足，外感风热自不必说，即便风寒之邪亦极易从阳化热，故临床所见小儿感冒以风热者居多。加之脾常不足，肝常有余的生理病理特点，一旦正气不足，难以迅即抗邪外出，往往表邪未解而部分病邪已入里化热而兼见痰壅肺热，食积胃热，热扰肝经等挟痰挟滞挟惊的复杂证候。为此詹老治疗小儿感冒常在疏表宣肺中配伍蝉衣、天虫。盖蝉衣本为肺经药，性微凉，轻清灵透，善解风热之邪；天虫即僵蚕，味咸辛而性平，散风泄热，平肝化痰。两药性味俱薄，以其疏泄之性而能发散诸热，合而用之宣肺达邪以解表，泄热平肝以清里。对小儿感冒挟痰挟滞挟惊较为合拍。

验案举例

单某，男，17个月。

初诊：1992年5月12日。主诉：咳嗽伴鼻塞、清涕2天。肺气素虚，平时汗多，外感易受，2日前新感，身热咽红，鼻塞流涕，痰鸣咳嗽不爽，胃纳不思，夜寐惊哭，大便气秽，苔白腻，指纹淡紫，治拟清宣豁痰，泄热平肝之法。

处方：蝉衣2g，制天虫6g，杏仁6g，连翘6g，浙贝6g，炒桑叶9g，蒿梗6g，竹沥半夏6g，淡芩2g，化橘红5g，神曲6g，炒谷芽9g。4剂。

服药一剂热退，四剂而安。

按语 患儿肺气素虚，感受外邪后肺卫失宣，临证除见身热鼻涕等症状外，尚兼见痰鸣咳嗽、胃纳不思、大便气秽、夜寐惊哭等挟痰挟滞挟惊之候。故蝉衣与连翘、蒿梗、桑叶等同用清宣疏表；制天虫与竹沥半夏、杏仁、浙贝、淡芩等同用平肝豁痰；佐以神曲、谷芽消积助运，使肺气宣畅，脾运得复，邪去而正安。

（二）升降解痉治哮喘

支气管哮喘是儿科临床常见疾病，反复发作严重影响小儿生长发育。《证治汇补》中指出："哮即痰喘之久而常发者，因内有壅塞之气，外有非时之感，膈有胶固之痰，三者相合，闭阻气道，搏击有声，发为哮病。"说明气闭痰壅是哮喘病机之关键。故詹老常用蝉衣配旋覆花升降宣肃，天虫配地龙散结解痉，融升降通散于一炉，以其斡旋上下、升降气机、宣散达邪、解痉涤痰之功，使壅塞之气可通，郁遏之肺气也即开达，胶固之痰随气道之畅行而得以消散，临床每获良效。

验案举例

赵某，女，5岁。

初诊：1992年3月2日。主诉：咳嗽伴气喘、胸闷3天。肺气素虚，寐时汗多，外感易受，有哮喘病史二年，经常外感引发。3日前外感，咽稍红，鼻塞流涕，喉间痰鸣，咳嗽不爽，伴有恶心，喘促胸闷，夜间难以平卧，大便干燥，舌苔白腻，脉弦滑，治拟清宣豁痰、降逆平喘之法。

处方：蝉衣3g，制天虫6g，地龙6g，旋覆花（包）6g，杏仁6g，竹沥半夏6g，浙贝6g，化橘红5g，炒苏子4g，前胡5g，炒淡芩2g，神曲9g。4剂。

二诊：服药后咽红减，咳嗽渐缓，咳痰转松，痰鸣喘逆已平，夜寐安宁，胃纳欠振，大便干燥，苔白腻，脉弦滑，拟前方加减。上方去化橘红、前胡加瓜蒌皮6g，枳壳3g。七剂而愈。

按语 患儿素有痰喘病史，此次因外感而引发。表邪未解，痰浊内壅，以致气机升降受阻，肺之宣肃失司。方中除用蝉衣、天虫合旋覆花、地龙升降气机，解痉豁痰外，尚配以前胡、化橘红宣肺达邪；竹沥半夏、浙贝、黄芩清肺化痰；苏子、杏仁降气除痰，共奏清宣豁痰，降逆平喘之功。复诊时咳喘缓解，唯大便干燥，去化橘红、前胡加瓜蒌皮、枳壳既可润肠通便，又能行气化痰，使内停之痰从大便而去。

（三）疏风散结治流行性腮腺炎

流行性腮腺炎在中医称为痄腮，是外感风温邪毒由口鼻而入，侵袭肺卫，邪传少阳、阳明，肝胆之火与胃热挟痰浊阻于少阳、阳明之络，郁结两腮而成。以疏风泄热、散结消肿为主要治法。詹老常用蝉衣、天虫与桑叶、牛蒡子、连翘等同用，轻清发散，热甚者配以焦栀皮、炒淡芩、板蓝根等清凉解毒。盖蝉衣与天虫，味咸辛性微凉，化痰散结而具宣透之性，泄热解毒亦非苦寒沉降，使温毒痰结郁以发之，热以泄之，结以散之，既无邪热化燥之弊，亦无冰伏其中之虑。不失为治痄腮之良效。故清代温病学家杨粟山首推蝉衣、天虫为治"时行温病之要药"。

验案举例

张某，男，4岁。

初诊：1992年5月9日。主诉：腮腺肿胀疼痛伴咳嗽3天。外感风温时邪，身热，咽红，鼻流涕，痰鸣咳嗽不爽，两侧腮腺肿胀疼痛三天，胃纳不思，舌苔黄腻，脉滑数，治拟疏风宣肺，豁痰散结之法。

处方：蝉衣2g，制天虫6g，连翘6g，炒牛蒡子5g，浙贝6g，焦栀皮6g，杏仁6g，炒淡芩3g，神曲9g，竹沥半夏6g，佩兰6g。3剂。

二诊：服药后身热已退，咽红，咳嗽不爽，腮肿同前，大便气秽，舌苔黄腻，脉弦滑，治拟清宣豁痰，软坚散结之法。

处方：蝉衣2g，制天虫6g，浙贝9g，白蒺藜9g，昆布9g，竹沥半夏6g，地龙6g，炒苏子4g，神曲9g，炒淡芩3g，佩兰9g。7剂。

三诊：服药后两侧腮肿消退，咳嗽好转，寐时多汗，胃纳欠振，舌苔白腻，脉细滑，调理而愈。

按语 患儿痄腮，初诊时邪热较甚，用蝉衣、天虫、连翘、牛蒡子、山栀、淡芩同用宣散清透则热除。继之以腮肿为著，伍以白蒺藜、昆布、地龙等散结软坚则肿消。

（四）透达清泄治过敏性紫癜

詹老用蝉衣、天虫为主治疗反复发作的小儿过敏性紫癜取得良好疗效。现代医学认为过敏性紫癜是一组以皮肤紫癜、消化道黏膜出血、关节肿痛和肾炎症状为主要临床表现的综合征，好发于学龄儿童。祖国医学归属于"发斑""血证""肌衄"等病证。常用清热解毒、凉血止血等法治疗，但常复发，病情缠绵。詹老认为本病之所以反复发作，难以速愈与湿热胶结内伏血分，夹感时令风邪密切相关。故选择具有疏表散风泄热之蝉衣与天虫为主药，对风热夹湿、壅遏肌表、内伏血分之紫癜能透而达之，泄而清之。据现代药理研究表明，蝉衣与天虫具有类皮质激素样作用，临床实践亦证明它们有激素样作用而无激素样副作用。结合中医辨证，通过配伍应用而取得良好疗效。

验案举例

肖某，女，8岁。

初诊：1992年2月8日。主诉：反复皮肤瘀点瘀斑2年余，再发1周。患儿1990年开始，皮肤紫癜反复发作。1周前又发，紫癜下肢为多，关节疼痛，面部湿疹瘙痒，胃纳不思，脘腹不舒，时有疼痛，四肢乏力，小便黄少，咽红，苔白腻，脉细弦。血常规：白细胞$4.7×10^9$/L，中性粒细胞百分数64%，淋巴细胞百分数30%，嗜酸粒细胞百分数6%，血小板$140×10^9$/L；尿镜检：红细胞（++）、蛋白痕迹；出血时间，凝血时间均正常。血沉25mm/h，抗"O"833单位。经西医治疗半月余，紫癜未消退求治于詹老。治拟祛风化湿泄热透达之法。

处方：蝉衣3g，制天虫6g，淡芩3g，忍冬藤9g，佩兰9g，制香附9g，楂炭6g，大腹皮9g，郁金5g，苍白术各3g，枳壳3g，白鲜皮6g。7剂。

二诊：服药后下肢紫癜渐隐，脘腹不舒好转，胃纳增加，关节疼痛渐减，面部湿疹仍瘙痒，小便黄少。尿镜检：红细胞（+），蛋白阴性，舌苔白腻，脉细弦。拟上方去香附、郁金加甘菊6g，地肤子6g。7剂。

三诊：紫癜全部隐退，湿疹好转，溲转清量多，苔薄腻，脉细弦。前方加减以资巩固。

处方：蝉衣3g，制天虫6g，白菊6g，忍冬藤9g，淡芩3g，地肤子6g，佩兰6g，清水豆卷6g，楂炭6g，丝瓜络9g，灯心草2束。7剂。

四诊：诸症好转，复查血常规、尿常规、血沉、抗"O"均属正常范围。上方继服7剂后，随访至今未发。

按语 本方选香附、大腹皮行气通络，白鲜皮、地肤子祛风胜湿，旨在增强蝉衣、天虫宣透通泄之功；并仿叶天士轻淡分消湿热法，用蝉衣、白菊、清水豆卷等芳香化湿，宣通肺气，苍白术、郁金等苦温燥湿，调和脾气；丝瓜络、忍冬藤、灯心草等淡渗利湿、疏导下焦，使湿热分消，风毒清透而获效。

（盛丽先）

第六章

桃 李 天 下

第一节 詹起荪名中医的学术继承人——盛丽先教授

一、盛丽先简介

盛丽先，女，1944年11月出生，浙江杭州人。教授、主任中医师、硕士生导师，浙江省名中医，全国第五批老中医药专家学术经验继承工作指导老师，盛丽先全国名老中医药专家传承工作室指导老师。

盛丽先1967年毕业于浙江中医学院中医专业，在基层工作十余年，1979年重返母校攻读中医儿科硕士研究生，师从马莲湘、詹起荪两位儿科名医。1982年硕士研究生毕业后学校任教。1993年起任浙江中医药大学中医儿科教研室主任，1998年起任浙江省中医院儿科主任及教研室主任。至今已从事中医临床、教学、科研五十年，以身作则，兢兢业业诊治儿疾、培养后学、发展壮大浙江省中医儿科事业。盛丽先擅长治疗小儿呼吸、消化及泌尿系统疾病，尤其对小儿慢性咳嗽、哮喘及肾脏疾病的诊治有丰富临床经验。学术上重视顾护脾胃、斡旋中土以适应小儿脾常不足之特性；临床善于运用和法治疗儿科病证，以适应小儿易寒易热、易虚易实之病理；处方用药轻灵活泼，以适应小儿脏气清灵、随拨随应之生理。病人辐射浙江省内外，如杭州、温州、绍兴、台州、丽水、金华、江西、安徽、河南等省市，其中不乏疑难患儿，如频复发肾病综合征、先天性巨结肠、巴特综合征等。

盛丽先曾任全国中医药学会儿科分会理事，全国高等中医教育学会儿科分会副理事长及全国中医外治学会委员，浙江省中医、中西医结合学会肾脏病分会委员等职。

现任全国高等中医教育学会中医儿科分会顾问，浙江省中医药学会中医儿科分会顾问，浙江省中医、中西医结合学会肾脏病分会顾问。

盛丽先历年来发表《小儿哮喘缓解期中医病机重新认识和治疗》《IgA肾病的中医治疗》等学术论文40余篇；出版《中医儿科学》（副主编）、《小儿病中医保健》（主编）、《马莲湘儿科精华述评》（主编），《儿科心悟》（副主编）、《盛丽先儿科临证经验》（主编）等学术著作；承担并完成"小儿肾病综合征的诊断和治疗""止泻冲剂的临床和实验研究"等省部级课题10余项，获奖5项。培养中医儿科硕士研究生及学术继承人30余人。

二、杏林春暖忆恩师

1967年从浙江中医学院大学毕业后分配到农村工作。目睹了偏远地区贫穷落后缺医少药的状况，老百姓有病一拖再拖，来者都是重危，常常心有余而力不足，多少年轻生命在痛苦地煎熬中、在救护车送往县医院的途中逝去，尤其是稚嫩的孩子……1978年得知恢复研究生招生，我决定试试，1979年9月如愿获得了重返母校攻读中医儿科硕士研究生的机会。因为那年只招一名儿科研究生，便有幸成为马莲湘教授和詹起荪教授共同的学生，也是中医学院成立后的第一个儿科研究生。三年中在老师的指导下重温了《黄帝内经》《伤寒杂病论》《幼幼集成》等经典及历代名医著作，聆听老师对中医理论及学术的理解，加上跟师临证及教学，逐渐进入了中医儿科之门。

詹老出生于幼科世家。詹氏先人三世业医，曾祖父詹志飞，祖父詹起翔都是自学成医，尤擅长中医儿科疾病的诊疗。父亲詹子翔更以"诊疾甚谨、疗效显著"而被称为杭城"国医"之一。詹老耳濡目染、潜移默化，从小矢志要以仁术济世，1940年，时年22岁的詹老已独立悬壶济世，因专擅儿科，疗效显著，年纪轻轻颇具声望，"詹氏儿科"在詹氏几代人的努力下名噪杭城。我出生在杭州，"詹氏儿科"的名声在父辈早已是如雷贯耳，官巷口丰乐桥旁、飞着很多鸽子的房子便是詹氏诊所。生病了会想到找詹老看，但从未想过有幸能成为他的第一任硕士研究生。

1979年我拜入詹老门下，詹老师已是耳顺之年，但身材伟岸，气度不凡，精力充沛，继续战斗在救死扶伤的第一线，奉献在教书育人的第一线，钻研在科研创新的第一线，令我十分钦佩和感动。就是在这种钦佩和感动的引领下，开启了跟随詹老的学习生涯。

詹老在行医期间，秉承了其父"诊疾甚谨、疗效显著"的医风，深得病人信赖，患儿遍及全国。詹老以"医者仁心"立业，对待病人一视同仁，不以富贵贫穷、达官平民而有所区别。每一个患者都认真问诊，仔细查体，交代家属护理要点，再开具方药，叮嘱服药注意事项及服药后可能出现的病情变化。詹老临证强调审证求因，注重对证的准确把握，而准确迅速地收集临床资料是正确辨证的基础。詹老认为对于小儿来说，脉诊受到儿童配合度等多种因素的干扰，因此望、闻、问就成了儿科医生的主要诊病手段。詹老问诊非常仔细，往往能从家长杂乱言语中获取辨证线索。曾看到一名3岁患儿前来就诊，妈妈反映孩子入夜即哭闹不安，白天活动正常。詹老从家长描述中注意到孩子睡前有干呕情况，考虑是积食导致，所谓"胃不和则卧不安"，以保和丸加减，并嘱家属减少夜间饮食，3天后复诊，患儿夜啼情况已得改善。

詹老医术高超，患者口口相传，有些甚至找到家里及办公室来求治，詹老也是热情接待，常常搁下手边事先给患儿诊治，态度和蔼，详询病情，绝不因非工作时间而草率开方。詹老教导我们学生"要有是证用是药，切合病机用药，而不要一味迎合病人心理用药，甚至乱开补药、贵重药"。詹老医风淳正，想病人所想，鞭策我独立行医后也保持"简便廉验、讲求实效"的工作作风。

进入浙江中医学院工作后，詹老还曾出任教务长、副院长等职，行政工作繁忙，但绝不占用临床时间，每次门诊，詹老必然会提早出现在诊室。詹老常说："行政工作有些可以调整时间，而看病却不行，如果我是病人，去找医生看病，而医生却有事不在，我也会非常失望。"对于有益的社会活动詹老也从不推辞，多次亲自带队参加浙江省政协及有关部门组织的医疗队赴贫困、边远地区开展义诊和医疗咨询活动。

除了临床为患者解疾除忧，詹老在中医教学与科研方面，竭尽思虑，倾注了大量的心血。詹老讲课，精神饱满，声音洪亮，引经据典，背诵如流，作分析则深入浅出，引人入胜，并联系临床，传授心得，曾多次被学子评为最受欢迎的老师。我最喜欢看詹老的板书，整齐漂亮、言简意赅，条理分明，引用先贤名句，不假思索，一气呵成。詹老认为要提高中医接班人的水平，中医教育者的教学能力至关重要。师者，要严于律己，一丝不苟对待每一堂课；自我专业素养要不断提高，对讲课内容要反复钻研，变书本知识为自己知识；提倡讲课脱稿，不照本宣科，才能激发学生的兴趣。在培养中青年教师和指导研究生方面，詹老不辞辛劳，不计付出，把自己几十年来积累的临床经验传授给我们，为中医事业的继承和发展做出了自己的贡献。

正是耳闻目睹了詹老的教学过程，我领悟到读经典、做临床不仅对临证，对教学也有巨大帮助。我把"读经典、做临床"作为自己的座右铭，在自己为人师表后也十分注重引入对经典条文和临床实践的理解，让学生学的深入、学的生动、学的实际。

在繁忙的教学、临床工作中，詹老主编了浙江中医学院自编教材《中医儿科学》等著作，发表了《婴幼儿腹泻的辨证论治》等论文。詹老学术上重视肺脾，主张"上焦如雾贵清宣、中焦如沤在运脾"，不论本脏或者他脏疾病，都会顾及肺脾两脏的功能。如治疗外感咳嗽，以"宣通肺气，疏散外邪"为原则，忌过早使用收敛、滋腻止咳药物，以防外邪留滞，在化痰时需佐以理气，气顺则一身痰浊随气而顺。又如治疗小儿腹泻，重在运脾而非补脾，调理脾胃气机之升降为首务。詹老创新引入先进技术，研制成功了"詹起荪诊治婴幼儿腹泻电脑系统"软件；为了解决小儿服药难的问题，研制了"小儿健脾暖胃药袋"，以外治法医治小儿常见脾胃病。受詹老外治思想的启迪，我把外治方法用于小儿"治未病"理论，1987年率先在浙江省开展小儿"冬病夏治"，并研发"防感驱蚊包"，目前仍在浙江省中医院畅销，服务更多的患儿。

詹老临证、教学、科研都不违"精诚"二字，再次感谢恩师教导。

三、知行合一馈岐黄

（一）继承詹老脾胃观

《素问·平人气象论》说："人以水谷为本，故人绝水谷则死，脉无胃气亦死"。李东垣在《脾胃论》中进一步阐发"人以脾胃元气为本"的观点，"脾胃者，仓廪之官也"，后天之本的强弱直接关系到其他脏器的强弱，关系到人整体的强弱。詹老认为小儿脏腑娇嫩，形气未充，脾常不足，而营养需求大，又饮食不能自制，脾胃处于轻舟重载的状态，故小儿常发生脾胃疾病如泄泻、积滞、呕吐、腹痛等，提出理脾不在补而在运。我受詹老重视脾胃思想指导，临证无论防病治病以顾护脾胃为要旨，结合临床经验，并从以下3方面发挥。

（1）刚柔相济顾脾胃：脾和胃相互关联，失一则中运不健而致病。正如叶天士所云："太阴脾土得阳始运，阳明燥土得阴自安。"临床把握脾胃燥湿相济、刚柔相伍的特性，以指导用药、配伍。脾喜燥恶湿，用药忌柔用刚常选太子参、白术、苍术，砂仁、蔻仁等；胃喜润恶燥，用药忌刚用柔，常用山药、白芍、玉竹、石斛、北沙参等。如以白术配白芍，健脾阳而不燥胃津；乌梅配甘草酸甘化阴而不助脾湿。

（2）畅达气机护脾胃：调理脾胃中需注意气机之升降，正如《临证指南医案》指出"脾宜升则健，胃宜降则和"，脾气升则水谷之精微得以输布，胃气降则水谷及其糟粕得以下降。说明脾胃之健运全赖以升降，处方中常配以柴胡、枳壳、桔梗、陈皮、木香、佛手片等行气药，以助脾胃升降出入之常。气机畅达才能使脾胃伏遏之热、蕴滞之湿、胶结之痰、停积之食得以推动荡涤，邪去而正安。

（3）四旁诸疾执脾胃：脾居中央灌四旁，因此顾护脾胃，不仅能治疗本脏虚弱，也可解除他脏之疾。临床常见面色萎黄、形体消瘦、生长发育迟缓之患儿，多为脾胃本脏虚弱，治脾是正法。临床常以黄芪、党参、太子参、白术、茯苓、甘草等甘味补益中州，健运脾胃，中土斡旋，生化有源则生长发育恢复其常。对感冒咳嗽不断、肺炎迁延难愈、哮喘反复发作之患儿，从脾胃论治，选用异功散、六君子汤、二陈汤等加减培土以生金。对肾炎、肾病、遗尿等泌尿系统疾患常以实脾饮、平胃散、补中益气汤、理中汤、固元汤等补土制水，从脾治肾。

（二）继承詹老处方用药轻灵活泼思想

小儿稚阴稚阳之体，"脏气清灵""随拨随应"，詹老处方用药亦以轻灵活泼为原则，指出处方轻灵，关键在辨证准确，用药方能精简。如过敏性紫癜反复发作，抓住湿热胶结夹感风邪，关键又在湿的病机，仿叶天士三仁汤意，从上、中、下分消湿热而获愈。受詹老处方轻灵思想的指导，进一步重视风药的运用。

"风药"是指荆芥、防风、柴胡、升麻、葛根、薄荷等一类药性升浮，气味辛薄，具有升、散、行、透、动等多种特性，能从不同的角度发挥功效的一类药物。风药升散向上，质轻可去实，味薄无碍胃气，尤适合小儿"脏气轻灵""随拨随应"之特性。

（1）风药治疗外感病：风药走表，不仅能开皮毛、疏腠理、宣肺气，达到解除表邪的目的，而且在解表的同时可以调整营卫之气，疏通血脉而增强自身抗病能力。小儿肺常不足，感冒是最常见的疾病之一，常用辛温、辛凉之风药疏风解表，宣畅肺气是其正治之法，即"祛邪而安正"之理。对咽炎、喉炎、扁桃体炎等病证只要有咽痒即咳均为风邪未净，当配以荆芥、防风、蝉衣等风药疏风宣肺，因势利导。

（2）风药治疗脾系病：风药性升，而"脾气主升""脾以升为健"，因此，在脾系疾病配伍风药可顺应脾阳升发之性。风能胜湿，脾喜燥恶湿，临床运用风药升阳祛湿，治疗泄泻，如葛根其气轻浮，鼓舞胃气上行，生津液解肌热，与芩连合用为治湿热泄泻之良剂，与参术配伍为治脾虚泄泻之圣药。又如升麻，能引甘温之药上升，配参芪治小儿清气下陷之泄泻，疗效颇著。对婴幼儿腹泻水样便，色青夹泡沫，肠鸣者常配伍防风、羌活等祛风燥湿之风药，可提高疗效。

（3）风药治疗肾病：小儿肾病综合征常因感染而致使蛋白尿反跳或迁延，而蛋白尿的产生除了脾失升清、肾失封藏之病机外，与肺之宣降功能也十分密切，尤其在感受外邪之时。此时用风药，从风论治，既能疏表达邪，又使"风能胜湿""疏其气血令其调达"，在辨证基础上选用荆芥、防风、蝉衣、羌活、苏叶等每多获效。因风药多入肺经，肺主气，司呼吸，肺气宣畅、脾复升清、肾得封藏则三焦通调，水谷精微归其正道，实为正本清源之法。

（三）继承詹老"古为今用"思想

詹老热爱祖国医学，熟读经典，勤求古训，同时强调中医学是一门实践性和科学性很强的学问，临证必须结合前人经验、自身体会、现代研究，才能更好服务于当时代的病人。詹老教导我们要研究经典，得其所长，但更主要的是要古为今用，创制自己的经验方，并在临床中实践。如詹老自创了泻肺镇咳汤、疏健分运汤、定痫豁痰汤、健脾开胃汤等经验方，取得了显著的临床疗效。

受詹老古为今用思想的启迪，我也在临床实践中不断摸索，如治疗上呼吸道咳嗽综合征，辨证属风邪被遏、肺气失宣者创用疏宣七味汤治疗，该方由清代张宗良《喉科指掌》的六味汤（荆芥、防风、桔梗、甘草、僵蚕、薄荷）加蝉衣组成。六味汤被历代医家荣称"嗽咽喉七十二症总方"。喉科前辈干祖望名老中医十分推崇此方，常用于治疗急慢性咽炎、喉炎。我加入蝉衣，使蝉衣伍僵蚕疏风祛痰、散结利咽，对各种风邪恋肺之咽喉源性咳嗽均有较好疗效。

在儿科疾病谱发生变化、现代医学发展迅速、中西医交流越来越紧密的现状下，诊治疾病时不仅需要古为今用，还需西为中用，采用西医辨病和中医辨证相结合的方法进行诊治，特别是一些慢性疾病的诊治上。兹选两个病种以作介绍。

1. 频复发肾病综合征

儿童肾病综合征在我国儿科住院泌尿系统疾病中占21%～31%，80%～90%的儿童肾病综合征患儿初始糖皮质激素治疗可获完全缓解，但有76%～93%的患儿复发，25%～43%呈频复发。目前本病西医仍以激素及免疫抑制剂为主进行治疗。

通过数十年的临床观察，我们发现本病的中医证型与激素治疗阶段有一定相关性。激素诱导阶段早期，多见脾肾气（阳）虚证候；待尿蛋白转阴、激素积累3～4周后多见肝肾阴虚、虚阳偏亢等证候；激素巩固维持阶段多见湿热困阻证候；激素逐渐减量阶段多见营卫失和、肺脾气虚或兼见湿热未净之证候；激素拖尾阶段多见肺脾气虚、脾肾不足之证候。频复发肾病综合征病理特点是本虚标实，正虚为本，主要表现在肺、脾、肾三脏不同程度的虚损，邪实为标，主要是外感、水湿、湿热、瘀血等病理产物。肺虚感邪、脾虚湿困、肾虚水泛，日久化热致瘀，可谓"因虚致实"；邪实又反过来进一步耗伤脏腑之气，使正气更虚，从而形成恶性循环，表现为虚实夹杂、寒热错杂、病情反复、迁延不愈的临床特点，故上述证候往往夹杂交错出现。

临证抓住肾病的六淫病邪在于湿（水），而人体津液的生成与输布尤以脾之运化为关键，认为小儿频复发肾病的机转枢纽在中土脾脏，倡导肾病治脾的学术观点，并学习李东垣从脾治肾之"升阳益胃汤"和董宿补土伏火之"封髓丹"，创立固元汤，主要药物由黄芪、太子参、白术、茯苓、防风、甘草、黄柏、砂仁等组成。以此为基础方，根据激素使用阶段、剂量及反应的不同规律，我们加以中医辨证论治，灵活加减，在减轻激素副作用、降低复发率、提高缓解率等方面均取得显著疗效。近年来我们对频复发肾病患儿激素重新诱导的剂量调整为1mg/（kg·d）左右，多数患儿也能在1周左右转阴，随访复发率也无显著提高，且可缩短患儿激素疗程和总剂量，这是中西医结合优势的最好佐证。

医案举隅

陈某，男，13岁。初诊：2014年5月8日。主诉：发现蛋白尿1年余。患儿1年余前因"浮肿、少尿"就诊于当地医院，诊断为"肾病综合征"，予口服足量激素治疗，1周左右尿蛋白转阴，后逐渐减量。在此后1年的减量过程中共复发4次，其中2次因呼吸道感染而复发。2014年4月初无明显诱因下又出现复发，尿蛋白（3+），当时住院于"浙江省儿童医院"。肾穿检查提示微小病变型，部分小管明显肿胀及空泡变。予甲泼尼龙24mg每日二次（体重36kg）重新诱导缓解，足量口服激素约1月尿蛋白转阴。西医诊断为肾病综合征频复发。

中医四诊：患儿晨起眼睑轻度浮肿，满月脸，较兴奋，胃纳佳，大便偏干，日解一次，尿蛋白（+），舌质偏红，苔薄黄腻，脉弦数。此时口服甲泼尼龙32mg每日一次。查谷丙转氨酶72U/L。治宜温阳固肾，行气化湿。

处方：桂枝、附子、熟地、山萸肉、山药、丹皮、泽泻、茯苓、柴胡、炒白芍、丹参、郁金、茵陈蒿颗粒剂各1包。14剂。

二诊：5月22日。患儿无浮肿，纳佳，唇红，大便干，1～2日一解，尿蛋白阴性，舌质红，苔薄腻，脉弦数。查谷丙转氨酶40U/L。拟滋阴补肾之法。

处方：熟地、山萸肉、山药、丹皮、泽泻、茯苓、柴胡、炒白芍、丹参、郁金、炒薏苡仁、当归颗粒剂各1包。共30剂，一天一剂，分2次温水冲服。

后分别于7月3日、8月14日、9月11日、10月23日、12月4日来门诊复诊，患儿尿蛋白持续阴性，纳平，无夜尿，二便调。拟前方出入。

复诊：2015年2月12日。未感冒，尿蛋白（+），无浮肿，胃纳减，二便尚调。舌淡红苔白腻，脉细滑。拟健脾固肾之法。

处方：生黄芪、太子参、炒白术、生甘草、防风、茯苓、姜半夏、黄柏、砂仁、玉米须、丹参颗粒剂各1包。14剂。

复诊：2015年3月2日。尿蛋白阴性，纳食正常，二便调。舌淡红苔薄白，脉细滑。拟原方出入，颗粒剂30剂。

按语 此患儿在第1次足量激素诱导缓解后至逐渐减量的1年间共复发4次，其中2次因呼吸道感染而复发，属典型的肾病综合征频复发。此次尿蛋白转阴后经病友推荐来寻诊加服中药以期减少复发。患儿初诊服中药时甲泼尼龙已由足量24mg每日二次（体重36kg）减为每天晨起服用32mg［1.1mg/（kg·d）］，激素共用1月余。此时患儿表现出满月脸、兴奋、纳亢、便干，舌红苔黄腻等肝肾阴虚之证，同时又见眼睑浮肿、蛋白尿，提示肾阳仍不足，故予肾气丸加减，水中生火，共达滋阴补肾之功。二诊时患儿尿蛋白转阴，浮肿消，但仍表现为纳亢、便干、舌质红、苔腻、脉弦数等肝肾阴虚证，故予六味地黄汤加减滋阴补肾治疗。后又经多次治疗，患儿肝肾阴虚、阴虚火旺之证得以改善。2015年2月12日复诊时患儿甲泼尼龙减为隔日晨起服用12mg［0.3mg/（kg·d）］，已进入激素拖尾阶段。近1年的激素使用，患儿表面上未见蛋白尿，实则长期使用激素不断消耗肾中精气，此时予固元汤健脾固肾加减治疗。患儿加服中药至今近1年，正常上学大半年，期间呼吸道感染仅有1次，肾病未再复发，激素得以顺利减量至2015年9月6日停激素，中药间断治疗中，于2018年4月随访，未复发。

2. 紫癜性肾炎

紫癜性肾炎是继发于过敏性紫癜的儿童常见的继发性肾小球疾病，虽有一定的自限性，但仍有部分患儿病程迁延，甚至进展为慢性肾功能不全。紫癜性肾炎轻重程度差别较大，临床可分为以下7种类型：孤立性血尿型；孤立性蛋白尿型；血尿和蛋白尿型；急性肾炎型；肾病综合征型；急进性肾炎型；慢性肾炎型。根据不同程度，现代医学有不同的治疗策略。

中医理论探究其病因病机涉及外感、内伤诸多方面。小儿禀赋不足，易感外邪，风、热、寒、湿之邪入侵是其病之外因，肺、脾、肾三脏功能失调是其病之内因。封藏失职、精微外泄、湿浊（湿热毒）之邪内蕴是其主要发病机理。以正气虚弱为本，尤以气虚、阴虚之虚为主；邪实蕴郁为标，尤以湿热之实为主。属本虚标实、虚实夹杂的病证。在中医治疗上，采取辨病辨证、精选主方的策略：临床分型为孤立性血尿型、血尿和蛋白尿型，中医辨证为热迫血行，以清瘟败毒饮加减；临床分型为孤立性血尿型、急性肾炎型，中医辨证为湿热下注膀胱，以小蓟饮子加减；临床分型为孤立性血尿型、孤立性蛋白尿型、血尿和蛋白尿型，中医辨证属脾胃虚弱，清阳不升，湿邪留恋或湿蕴化热，以升阳益胃汤加减；临床分型为肾病综合征型、慢性肾炎型，中医辨证阴虚湿热型，以甘露饮加减。

辨病探的是紫癜性肾炎的不同临床类型，辨证究的是不同的中医证候，辨病辨证相结合，既不失中医辨证论治精髓，又能更科学地评估病情，指导疗程和预后；在辨病辨证指导下，选择合适主方，临床可为后学者起到执简驭繁的作用。

医案举隅

宋某，男，11岁。

初诊：2011年12月26日。主诉：反复双下肢皮疹伴尿检异常6年。患儿因"反复双下肢皮疹伴尿检异常6年，再发4天"于2011年11月7日～11月21日在浙江大学医学院附属儿童医院住院治疗。入院时有肉眼血尿、尿红细胞>200/HP、异形红细胞>70%，尿蛋白（3+）、24小时尿蛋白定量1276.2mg/24h。住院肾穿病理：符合紫癜性肾炎（Ⅱ级）。出院诊断：①过敏性紫癜；②紫癜性肾炎（IgA肾病待排）；③急性扁桃体炎。出院复查尿红细胞2+/HP，尿蛋白（1+）、24小时尿蛋白定量652mg/24h。出院带药：①泼尼松30mg一日一次；②吗替麦考酚酯500mg（晨）、250mg（晚）；③维生素D1片一日一次；④醋酸钙1包一日一次；⑤肾炎四味颗粒1包，一日三次；⑥依那普利5mg一日一次。出院一个月后即2011年12月26日来我院中医门诊，门诊查体：T 36.5℃，P 82次/分，R 22次/分，BP 110/70mmHg，神清，精神可，无皮疹，满月脸，无浮肿，咽充血，双侧扁桃体Ⅱ度肿大，心肺（-）。腹软，肝脾肋下未及，神经系统查体无殊。门诊尿蛋白痕迹，尿红细胞2+/HP，隐血3+，尿微量白蛋白150mg/L。

中医四诊：过敏性紫癜、紫癜性肾炎反复六年，近一月来紫癜未发，尿蛋白痕迹，尿红细胞2+/HP，隐血3+，尿微量白蛋白150mg/L，面色红润，容易出汗，入睡困难，胃纳正常，咽红，乳蛾红肿，大便干燥，2～3日一行，小便色黄，舌质红苔黄腻，脉细弦。中医诊断为阴虚火旺，湿热内蕴，治拟养阴凉血、清利湿热之法。

处方：生熟地各10g，天麦冬各10g，川石斛10g，生甘草6g，枳壳6g，玉米须30g，白茅根30g，丹皮10g，紫草10g，砂仁6g，黄柏6g。14剂。

停肾炎四味颗粒，余西药继服。

二诊：2012年1月9日。尿检蛋白痕迹，尿红细胞2+/HP，大便转润，入睡好转，咽红，扁桃体红肿，舌红苔薄腻，脉细弦。阴虚血热，治拟凉血清利之法。

处方：小蓟草15g，生地10g，通草3g，淡竹叶10g，甘草6g，藕节10g，蒲黄炭10g，玉米须30g，白茅根30g，蝉衣6g，僵蚕6g，桔梗6g。14剂。

三诊：2012年1月23日。尿检蛋白痕迹，尿微量白蛋白90mg/L，尿红细胞1+/HP，咽红好转，扁桃体仍Ⅱ度肿大，不红，纳可，大便润，舌质偏红苔薄，脉细弦。上方去蝉衣、僵蚕、桔梗，加乌梅炭6g，生地榆10g，加减服用近四月。

四诊：2012年5月14日。尿蛋白痕迹至阴性，尿红细胞1+至少许，尿微量白蛋白50mg/L，泼尼松已减为5mg每日一次，吗替麦考酚酯250mg每日二次，面色欠华，容易疲劳，胃纳欠振，舌淡红苔薄腻，脉细，拟益气健脾，升阳利湿之法，以升阳益胃汤加减，治疗一月余，尿检正常，停激素和吗替麦考酚酯，以六君合玉屏风调理月余。复查尿常规、尿肾小管功能、血常规及生化均正常，于2012年10月10号停中药。按医嘱3个月、半年、一年门诊复查，偶有红细胞及微量白蛋白，不定期服中药。2015年7月20日复查相关检查（除肾穿）正常。

按语 患儿紫癜性肾炎临床分型为血尿和蛋白尿型，病理分级Ⅱ级，病情反复6年，中医介入治疗近一年，反复扁桃体炎得以控制，病情未再反复，激素顺利撤减，病情得以缓解。

首诊时激素剂量较大，阴虚火旺明显故以甘露饮养阴清利为先，随着中医治疗及激素撤减阴虚症状改善但尿检异常如故，继以小蓟饮子加减治疗四月余，尿检好转，但未痊愈，患儿从虚实夹杂渐渐转为以虚为主兼有湿热未净，清阳难升，又以升阳益胃汤加减治疗三月余基本缓解。

儿童紫癜性肾炎病程较长，病情易反复，中医治疗必须根据证候变化及体质灵活变动，并非一方到底，充分体现了中医的辨证观和整体观。

四、学术传承队伍延续

盛丽先老师一直谨遵詹老教诲，从事教学、医疗、科研工作，竭思尽虑，兢兢业业诊治儿疾、启后学，历年培养了20余名学术继承人。这些学生遍布浙江省内外，为不同地区的中医儿科事业贡献力量。

2012年浙江省中医药管理局批准成立"盛丽先名老中医专家传承工作室"，2014年国家中医药管理局批准成立"盛丽先全国名老中医药专家传承工作室"，工作室以"读书与临证、温故而知新、继承和发扬"为座右铭，形成老中青医师相结合、中西医相结合，院内外医师相结合的学术继承团队，开展经典学习、专题讲座、临证带教、医理切磋、病例剖析等一系列学术活动。经过建设，收集盛丽先老师本人书稿、手稿、教案、讲稿、文稿等共60余部，收集并整理建设期内跟师笔记200余次，医案、临证心得体会等150余篇，整理具有学术思想特色的经验方21首，总结形成具有诊疗优势特色的儿科病种诊疗方案5个（具体为肾病综合征、紫癜性肾炎、哮喘、慢性咳嗽、急性上呼吸道感染），撰写具有诊疗优势特色的研究报告2份。建设期内工作室成员主持研究的各级各类课题8项，发表学术经验传承相关论文共17篇，均为核心期刊，完成网站建设，定期上传工作室动态。编写相关著作2部。2017年在工作室建设基础上工作室人员将盛丽先老师近五十年学习实践中医的心得、启迪、感悟整理成册，名为《盛丽先儿科临证经验选》，为中医儿科传承工作而努力。

五、医案医话辨医理

（一）麻黄附子细辛汤治过敏性鼻炎

麻黄附子细辛汤出自《伤寒论》315条，由麻黄、附子、细辛组成，曰："少阴病始得之，反发热，脉沉者，麻黄附子细辛汤主之"。原治太阳在表风寒之邪不解而少阴里阳已虚，为太阳少阴两感之病，因此仲景提出兼顾之法，温少阴之经，发太阳之汗，具有两解之意义。

过敏性鼻炎又称变应性鼻炎，是鼻腔黏膜的变应性疾病，并可引起多种并发症，属于中医鼻鼽范畴。《素问玄机原病式》曰："鼽者，鼻出清涕也。"过敏性鼻炎反复发作者多见于年长儿，素体阳气不足，又外感风寒。症状虽表现出鼻塞清涕等太阳风寒之象，实质为少阴阳虚、遇寒受凉即发，且迁延难愈，故可从太阳少阴两经治疗，麻黄附子细辛汤有显效。

验案举例

姜某，男，11岁6个月。

初诊：2009年11月13日。主诉：反复鼻塞、清涕5～6年。患儿有过敏性鼻炎史，近来频繁发作，鼻痒鼻塞严重，清涕较多，晨起明显，伴喷嚏，稍有咳嗽，乳蛾红肿（扁桃体Ⅱ°，常易化脓），大便偏溏，舌淡胖，边有齿痕，脉沉。服用开瑞坦、酮替芬等抗过敏药物初可减轻，久则不效。治拟温阳散寒，疏风解表之法。方以麻黄附子细辛汤加味。

处方：生麻黄6g，淡附片9g，细辛3g，蝉衣6g，僵蚕9g，桔梗6g，甘

浙江中医临床名家·詹起荪

草6g，浙贝10g，黄柏9g，砂仁（后下）9g，辛夷9g，白芷9g，苍耳子9g。7剂。

二诊：鼻塞减轻，清涕已无，乳蛾肿大，舌淡胖苔薄白腻，脉弦细，治拟温经散寒、益肺和营之法。

处方：生麻黄3g，淡附片9g，细辛3g，桂枝9g，炒白芍12g，甘草6g，炒白术12g，防风6g，黄芪15g，红枣15g。7剂。

三诊：鼻窍畅通，自觉鼻子未曾如此舒服过，上方去麻黄附子细辛汤加党参、干姜、黄柏、砂仁治疗月余，鼻炎未再复发，大便也不再偏溏，唯舌体仍胖有齿印。继以调补脾肾为治。

按语 患儿证属阳虚外感，肺窍失和，其病机关键在于少阴里寒夹太阳表寒，属太阳少阴两感之证，法当表里双解，选用麻黄附子细辛汤温阳散寒，疏风解表，合苍耳子散宣肺通窍，但患儿平素扁桃体易化脓，故配伍封髓丹（黄柏、砂仁、甘草）以泻虚火益肾水，蝉衣、僵蚕、桔梗、浙贝宣肺利咽，化痰散结。全方寒温并用，表里两解，顾护里阳，外解表寒，以达宣肺开窍之功。后以桂枝汤、玉屏风散、理中汤等善后。

（二）真武汤治肾病综合征

真武汤出自《伤寒论》330条，由附子、茯苓、芍药、生姜、白术组成。曰："少阴病，二三日不已，至四五日，腹痛、小便不利、四肢沉重疼痛、自下利者，此为有水气……真武汤主之。"此为有水气，正是指出了本方的病机关键。

肾病综合征是由于肾小球滤过膜对血浆蛋白的通透性增高，大量血浆蛋白自尿中丢失而导致一系列病理生理改变的一种临床综合征。如以水肿为主要临床症状时，属于中医水肿范畴，且多属阴水。《景岳全书·肿胀》指出"凡治肿者，必先治水，治水者，必先治气。若气不能化，则水必不利。"真武汤是治气的代表方，通过温阳来增强气化作用，运化水湿，使水从下而出。

验案举例

陈某，男，4岁4个月。

初诊：2010年3月15日。主诉：颜面及双下肢浮肿1周。患儿颜面、下肢浮肿，呈凹陷性，按之难起，尿中泡沫较多，尿量减少，查尿常规示蛋白（3+），血生化示白蛋白15g/L。西医诊断为肾病综合征，予口服泼尼松、呋塞米、螺内酯等治疗后，颜面肿退，双下肢浮肿未退，面色少华，精神略软，舌淡胖苔白腻，脉沉细。中医治拟温肾健脾，化气行水之法。方以真武汤加减。

处方：淡附片10g，茯苓皮10g，白术9g，白芍9g，生姜6g，泽泻9g，白茅根30g，黄芪15g，玉米须30g，川芎6g，大腹皮10g，甘草6g，陈皮6g。7剂。

7剂后患儿尿量逐渐增多，双下肢浮肿消退，精神好转。

按语 此为脾肾阳虚水肿，属阴水。其制在脾，其本在肾，脾阳虚则湿聚为水，肾阳虚则气不化水，小便不利，脾肾功能失调，则水道失畅，水湿聚而不化，外溢肌表，发为水肿，水为阴邪，当以温药制之。方用真武汤加减，附子温阳化气，气化则水行，泽泻、白茅根、玉米须加强利水渗湿消肿的作用；黄芪、陈皮、大腹皮益气健脾，恢复脾运化水湿之生理功能；水停日久，必兼瘀血，甚则水瘀互结，导致顽固性水肿，故少佐川芎活血祛瘀，行气利水。全方温阳化气，行气活血，利水消肿，稍佐白芍甘寒之品以免温燥太过，耗伤阴津，收效满意。

（三）七味白术散治婴幼儿非感染性腹泻

七味白术散源于宋代钱仲阳《小儿药证直诀》。钱氏谓此方"治脾胃久虚，呕吐泄泻，频作不止，精液苦竭，烦渴燥……不论阴阳虚实并宜服"。全方由太子参、白术、茯苓、甘草、藿香、木香、葛根组成。

婴幼儿腹泻是婴儿期最为常见的脾胃病之一。中医以泄泻论治，《幼幼集成》曰："夫泄泻之本，无不由于脾胃……以致脾胃受伤，则水反为湿，谷反为滞，精华之气不能输化，乃致合污下降，而泄泻作。"故临床上多从脾胃入手，以七味白术散治疗脾胃气虚型婴幼儿迁延性和慢性腹泻疗效显著。

验案举例

成某，男，9个月。

初诊：2010年11月28日。主诉：反复泄泻3月余。患儿反复泄泻已达3月之久，曾住院治疗，泄泻好转出院，但仍日解3～4次，大便时溏薄不化，时水样，色淡黄，无黏液脓血，小便量无明显减少。舌淡苔薄腻，指纹偏淡。此为脾胃虚弱、升降失司，治拟健脾益气，升清降浊，温运止泻之法。方以七味白术散加减。

处方：太子参6g，白术6g，甘草3g，茯苓6g，葛根6g，木香6g，藿香6g，炮姜炭3g，炒薏苡仁10g，砂仁（后下）3g，芡实10g。5剂。

5剂后患儿大便渐成形，呈糊状。后以此方加减调理半月余大便成形，日1~2次。

按语 七味白术散内予四君子汤补脾气，藿香、广木香降泄浊阴，葛根升腾清气。本案另伍炒薏苡仁、砂仁、芡实健脾燥湿止泻，佐炮姜温运止泻。诸药相合，脾气益而复健运，脾湿运而泄泻止。

（四）升阳益胃汤治小儿迁延性肾炎

升阳益胃汤出于李东垣《脾胃论》，由柴胡、防风、羌活、独活、白术、茯苓、半夏、陈皮、黄连、泽泻、黄芪、党参、甘草、芍药组成。

小儿迁延性肾炎在临床较为常见，一般将病程迁延6个月至1年以上，不伴肾功能不全或高血压的肾小球肾炎诊断为迁延性肾炎，包括：①急性肾小球肾炎迁延未愈，病程超过一年者；②无症状性持续性蛋白尿及血尿病程超过6个月者。

中医无此病名，临床根据证候辨治。主证除蛋白尿和（或）血尿外，常见面色萎黄，四肢困倦，口苦纳呆，大便不调，小便黄少，反复易感，舌苔白腻或黄腻，脉细弦等症。中医辨证为脾虚湿热，病机关键在于脾，脾主运化，执中央运四旁，主升清又主散精。小儿脾常不足，外感之邪或内伤饮食均可损及于脾，脾不升运则清浊升降乖违，脾不散精则精微输布失常，遂成湿浊贮留，日久蕴郁化热，湿热伤肾，形成本虚标实的病理变化。用升阳益胃汤健脾升清，清热利湿，方中柴胡、防风、羌活、独活升阳以燥湿；黄芪合六君健脾以燥湿，湿去而阳气升发；黄连以清滞留之热；泽泻引导湿热下行而解；芍药以制柴胡、防风、羌独活之燥性。本方以升阳为主，升阳即升清，虽名益胃，其实益脾。全方升阳益脾，清热利湿，补中有清，升中有降，扶正与祛邪并施，又以扶正固本为主，切中本病病机。此外，临床所见迁延性肾炎也有相当一部分无明显临床症状，出现宏观无证可辨，仅见镜下持续蛋白尿和（或）血尿，蛋白和红细胞均为人体精微物质，化生于脾，封藏于肾，虽然肾虚失于固摄是出现蛋白尿和血尿的重要原因，但"肾主蛰藏，必籍土封"，肾炎迁延湿邪不除最易伤脾，脾胃功能失健，不能运化水湿，则浊邪不断产生，失于提防封固则精微不断漏泄，李东垣升阳益胃汤即立足斡旋中州，使中流砥柱有权，肾精就可固藏不泄。故对消除蛋白尿及红细胞均能起到良好作用。

验案举例

诸某，男，6岁。

初诊：1991年4月18日。主诉：尿检异常一年余。患儿急性肾炎经住院治疗恢复出院，尿液检查蛋白痕迹到2+、红细胞少许到3+已持续一年余，血压正常，血生化、肾功能均无殊，疲劳后眼睑有轻度浮肿，面色少华，胃纳欠振，大便粗糙不化气秽量多，日1～2次，小便偏黄，舌淡红、苔白腻，脉细弦。此急性肾炎后湿热未清，脾虚失于升清，湿热伤肾。治宜升阳健脾，清热利湿。用升阳益胃汤去党参、甘草加白茅根、玉米须各30g，治疗两周后红细胞消失，尿蛋白少许，去白茅根加党参6g，又二周而愈，以后每月检查小便一次，至今未见复发。

（五）养阴清肺汤治肺炎支原体感染后慢性咳嗽

养阴清肺汤源自清代郑梅涧撰写的《重楼玉钥》，由生地黄、玄参、麦冬、白芍、甘草、牡丹皮、浙贝母、薄荷组成。

肺炎支原体感染患儿经治疗后全身症状好转，以咳嗽成为主要或唯一症状，持续大于4周者属于肺炎支原体感染后慢性咳嗽。

小儿肺炎支原体感染后咳嗽日久，肺津日渐耗损，致肺阴不足。阴虚可生内热，内热又伤肺阴，如此循环，肺阴难复，肺失滋润，咽失濡养，而干咳迁延，月余不已。此时由急性期的实热咳嗽逐渐转化为慢性期的虚热咳嗽。临床表现为干咳或清嗓声，多无痰或痰少而黏，或有咽喉不舒感。舌红或如常，舌苔薄净或花剥，脉细弦或无明显异常。部分内热体质患儿有唇红、便干、扁桃体红肿等症状。此期中医辨证当属阴虚内热。

养阴清肺汤本方原治肺肾阴虚，兼有内热之白喉恢复期。用于肺炎支原体感染后阴虚内热咳嗽，取其滋阴凉润之功，从脾肾增液以润肺，兼清内热，可取得较好疗效。方中寓增液汤润肺滋肾，使金水相生，泉源不竭；含芍药甘草汤滋养脾阴，经脾散津，上归于肺，洒呈于咽，又可缓急解痉，减轻干咳；配以浙贝母、牡丹皮、薄荷清透内热。脾肾得养，内热得清，则津液化生有源，充沛不失，肺咽得濡，而诸症自愈。全方养阴清肺，兼辛凉而散，恰合病机，故用之得效。

验案举例

纪某，男，8岁。

就诊：2008年3月22日。主诉：咳嗽1月余。曾因支原体肺炎住院治疗

15天，好转后出院。继服阿奇霉素2个疗程后，仍有咳嗽，故寻中医治疗。症见单声咳嗽，痰少而黏，咳嗽以白天为主，夜间不咳，大便偏干，时有鼻衄，舌红苔少。心肺听诊（-），血常规正常。西医诊为肺炎支原体感染后慢性咳嗽。中医辨为阴虚内热。治拟滋阴凉润之法。

处方：生地黄9g，麦冬9g，玄参9g，白芍12g，甘草6g，浙贝母9g，北沙参9g，百合9g，竹沥半夏9g，杏仁9g，桔梗6g。

7剂而愈。2009年9月电话随访，言近一年半来，仅鼻衄1次，余正常。

按语 患儿平素大便偏干，鼻衄时发，本属阴虚体质，津液不足，燥邪内生。本次支原体肺炎后，高热、痰热均可伤津，终使肺阴耗损。阴虚夹内热，则咳嗽迁延，痰黏难咯。本方以养阴清肺汤为基础，加北沙参、百合润肺去燥；加竹沥半夏清肺化痰；以桔梗易薄荷，桔梗苦辛升散，为手太阴肺经引经药，配入本方，一可如舟楫之载药上行，助脾散津，濡养肺咽，二可宣散利咽，与杏仁相配，助肺升降出入，气顺咳止。本案未见虚热、扁桃体红肿等血分热象，故不用凉营之牡丹皮。

（六）小青龙汤治毛细支气管炎

小青龙汤出自汉代张仲景《伤寒论》《金匮要略》，原方由麻黄、芍药、细辛、干姜、甘草、桂枝、五味子、半夏组成。

毛细支气管炎是婴儿时期最常见的一种特殊类型的肺炎，多因感染呼吸道合胞病毒致病，以发作性喘憋为主要临床表现。

毛细支气管炎属中医肺炎喘嗽范畴，病机关键是肺气闭郁，主要症候为喘息气促，喉间痰鸣，咳嗽阵作。《伤寒论》第41条："伤寒，心下有水气，咳而微喘，发热不渴。服汤已渴者，此寒去欲解也。小青龙汤主之。"故本病辨证属寒痰闭肺者可予小青龙汤治疗。

验案举例

韩某，女，6个月。

初诊：2017年12月11日。主诉：反复咳嗽气喘1周余。患儿1周余前出现咳嗽，昼夜均咳，阵发性，伴气喘，流清涕，喉间痰鸣，无发热，无明显发绀，纳平，便溏，日2～3次（平素易便溏），咽不红，两肺呼吸音粗，可闻及哮鸣音及痰鸣音，舌质淡红，苔薄白而润，指纹淡紫。外院曾予阿奇霉素静滴治疗，咳喘无明显好转。西医诊断：毛细支气管炎。中医诊断：肺炎喘嗽，寒痰闭肺证。治以宣肺开闭，温运化痰。

处方：炙麻黄3g，桂枝3g，炒白芍6g，姜半夏6g，干姜2g，北细辛1.5g，北五味子3g，甘草3g，炒葶苈子4.5g，桔梗3g，苦杏仁6g，陈皮3g。3剂。

二诊：喘平，咳减未净，流涕无，喉间痰鸣减少，纳便可，舌淡红，苔薄，指纹淡紫，治以肃肺健脾化痰。

处方：太子参6g，白茯苓6g，炒白术6g，甘草3g，姜半夏6g，陈皮3g，怀山药9g，炒葶苈子4.5g，红枣6g，北沙参6g。继服7剂而愈。

按语 小儿脾常虚，本案患儿久用寒凉之药伤及脾阳，津液失于温化，凝而为痰，复外感寒邪，寒与痰相结，壅阻于气道，肺气闭阻，故咳嗽喘息、喉中痰鸣；便溏、舌质淡、苔薄白而润、指纹淡紫均为寒痰之象；因脾阳虚弱，寒痰难化，故咳喘反复。初诊以小青龙汤加减宣肺开闭，温化寒痰，喘平后，以六君子汤健脾燥湿，炒葶苈子、红枣、北沙参肃肺润肺化痰以善后。

（七）清瘟败毒饮治小儿过敏性紫癜

清瘟败毒饮出自清代余师愚《疫疹一得》，原方由生石膏、生地、犀角（水牛角代）、真川连、山栀子、桔梗、黄芩、知母、赤芍、玄参、连翘、甘草、丹皮、鲜竹叶组成。

过敏性紫癜是儿童常见的以IgA介导的小血管炎症，以出血性皮疹为主要表现，可伴有腹痛、呕吐、关节肿痛、血尿、蛋白尿等。本病皮疹易反复发作，伴严重肾脏损害者预后欠佳。

过敏性紫癜属中医血证范畴，张景岳概括血证病机为"热盛""气伤"。清瘟败毒饮是气血两清的代表方剂，由白虎汤、犀角地黄汤、黄连解毒汤三方加减而成。清代余师愚《疫疹一得》："此十二经泻火之药也。斑疹虽出于胃，亦诸经之火有以助之……此皆大寒解毒之剂，故重用石膏，先平甚者，而诸经之火自无不安矣。"虽是为治疗温热病所设，但运用并不局限于传染病。过敏性紫癜单纯皮疹型，中医辨证属热毒火邪充斥内外、气血两燔者，即可应用本方。

验案举例

李某，男，11岁。

初诊：2017年08月16日。主诉：双下肢皮疹半月余。患儿半月余前出现皮疹，皮疹稠密鲜红，大小不一，高出皮肤，压之不褪色，无腹痛及关节肿痛，纳平，大便干结，舌质红，苔黄腻，脉滑数。尿检正常。西医诊断：过敏性紫癜。中医诊断：血证，血热妄行。治拟清热解毒，凉血止血之法。

处方：水牛角30g，生石膏30g，生地9g，黄连3g，知母9g，连翘6g，赤芍6g，玄参9g，丹皮9g，紫草9g，桔梗9g，蝉衣6g，甘草9g。7剂。

二诊：皮疹隐退，大便转润，治拟原法出入。继守上方去生石膏、黄连、水牛角，加姜半夏9g。继服14剂。药后诸恙均和，随访年余，未见新发。

按语 本案因邪热入血，迫血妄行，血溢脉外而成，治拟清热解毒，凉血止血之法。方选清瘟败毒饮加减治疗，清泄气分大热为主，并清血分之热，防止温邪直入营血，且清中有透，清透相合使邪有出路，遵循温病"先安未受邪之地""入营尤可透热转气"的治疗原则。药证相符，契合病机，疹退人和。

（八）小蓟饮子治紫癜性肾炎

小蓟饮子出自宋代严用和《重订严氏济生方》，原方组成：小蓟、生地、竹叶、通草、甘草、藕节、蒲黄炭、焦山栀、滑石、当归。

紫癜性肾炎是儿童时期常见的继发性肾小球疾病，一般指过敏性紫癜发生半年内出现的肾脏损害，以血尿和（或）蛋白尿为主要临床表现。

紫癜性肾炎血尿型可归属中医尿血范畴。小蓟饮子原方为主治热结下焦之血淋、尿血。明代吴昆《医方考》："下焦热结血淋者，此方主之。下焦之病责于湿热。经曰：病在下者，引而竭之。故用生地、栀子凉而导之，以竭其热；用滑石、通草、竹叶淡而渗之，以竭其湿；用小蓟、藕节、蒲黄消而逐之，以去其瘀血；当归养血于阴，甘草调气于阳。古人治下焦瘀热之病，必用渗药开其溺窍者，围师必缺之义也。"紫癜性肾炎临床分型为孤立性血尿型，中医辨证为湿热下注膀胱者即可运用本方。

验案举例

洪某，男，9岁。

初诊：2016年11月14日。主诉：反复双下肢皮疹伴血尿半年余。近来皮疹未发，尿红细胞（2+）/HP，隐血（3+），尿蛋白阴性，胃纳正常，大便偏干，咽红，扁桃体Ⅱ°肿大，舌红，苔黄腻，脉细弦。平素易反复扁桃炎。西医诊断：紫癜性肾炎。中医诊断：尿血下焦湿热证。治拟凉血止血，清利湿热之法。处方：小蓟草15g，生地黄10g，通草6g，淡竹叶10g，甘草6g，藕节10g，蒲黄炭10g，白茅根30g，蝉衣6g，丹皮6g，桔梗6g。14剂。

二诊：尿红细胞（+）/HP，咽红好转，扁桃体仍Ⅱ°肿大，色不红，纳可，大便润，舌质偏红，苔薄黄，脉细弦。治拟原法出入，上方去蝉衣、丹皮、桔梗，加乌梅炭6g，生地榆10g。加减服用近三月，病情得以缓解，尿检正常，未再反复。

按语 患儿病程较长，虽皮疹无反复发作，但肾脏损害持续，且平素反复扁桃体炎症。证属下焦湿热，方选小蓟饮子加减治疗。患儿下焦湿热症减，反复扁桃体炎得以控制，血尿亦缓解。

（九）甘露饮治小儿肾病综合征激素依赖

甘露饮出自宋代《太平惠民和剂局方》，原方组成：生熟地、天麦冬、石斛、黄芩、茵陈、甘草、枇杷叶、枳壳。

肾病综合征是由于肾小球滤过膜对血浆蛋白的通透性增高、大量血浆蛋白自尿中丢失而导致一系列病理生理改变的一种临床综合征，以大量蛋白尿、低白蛋白血症、高脂血症和水肿为其主要临床特点。激素依赖型是指对激素敏感，但连续两次减量或停药2周内复发者。

《太平惠民和剂局方》原方主治"烦热、口舌生疮、齿龈出血"等证，是临床用于阴虚湿热的有效方剂。清代汪昂《医方集解》："此足阳明少阴药也。烦热多属于虚，二地、二冬、甘草、石斛之甘，治肾胃之虚热，泻而兼补也；茵陈、黄芩之苦寒，折热而去湿；火热上行为患，故又以枳壳、枇杷叶抑而降之也。"

湿邪是贯穿肾病病程的病理产物，而激素为阳热之品，激素依赖患儿足量、长期激素运用，助热化火，火热与水湿互结，而成湿热，加之肾病过程迁延，蛋白流失过多，使真阴亏损而虚热内生，热与湿互结而成湿热。气阴两虚、湿热内阻可能是激素依赖的主要病机。故可用甘露饮治疗。

验案举例

洪某，男，8岁。

初诊：2005年4月17日。主诉：反复浮肿少尿3年余，再发半月。患儿3年余前因"浮肿少尿3天"入住当地医院，诊断为肾病综合征，肾穿示系膜增生，开始予激素足量治疗，当泼尼松减至25mg隔日一次时出现眼睑浮肿，尿蛋白（3+）不明原因反跳，重新泼尼松疗程，减至20mg隔日一次时又不明原因复发。半月前减量时又第三次复发，来我院住院治疗。住院后泼尼松改曲安西龙，重新诱导缓解，2周后尿蛋白转阴。住院期间中医先后予六味地黄汤、二陈汤、平胃散、藿朴夏苓汤、三仁汤、香砂六君子汤加减治疗，尿常规、生化指标恢复正常出院。

2005年12月24日因反复口腔溃疡近一月门诊复诊：面色欠华，乏力多汗，口腔多个溃疡，胃纳欠振，大便偏干，小便量少色黄，不易入睡，舌红苔黄腻，脉细弦。尿检正常，此时曲安西龙24mg隔日一次。此为气阴两虚，湿热内阻，方以《太平惠民和剂局方》甘露饮加减。

处方：生熟地各9g，天麦冬各9g，石斛10g，黄连3g，枇杷叶10g，枳壳6g，甘草6g，人中白6g，玉米须30g，白茅根30g。

7剂后尿量增多，溃疡好转，舌苔仍黄腻，上方合封髓丹加减。

处方：太子参10g，生熟地各10g，天麦冬各10g，黄柏10g，砂仁10g，甘草10g，玉米须30g，白茅根30g，丹皮9g，肉苁蓉10g。

上方加减治疗月余舌苔转薄腻，继以健脾固肾法配合激素拖尾。

按语　该患儿从入院到后面复诊始终黄腻苔，曾予燥湿、化湿、利湿、清热之法，选平胃散、二陈汤、三仁汤等方而苔始终未化。改为治肾为主的三焦兼治，以《太平惠民和剂局方》甘露饮、三才封髓丹加减获效。该患儿因反复口腔溃疡，处方中将黄芩易黄连以清心火，加治口疮要药人中白，佐玉米须、白茅根利湿热下行。

（十）柴胡桂枝汤治小儿反复呼吸道感染迁延期

柴胡桂枝汤出自汉代张仲景《伤寒论》《金匮要略》，原方组成：桂枝、黄芩、人参、甘草、半夏、芍药、大枣、生姜、柴胡。

反复呼吸道感染主要指1年内上、下呼吸道感染的次数频繁，超出正常范围。不同年龄段对反复呼吸道感染的临床概念和判断条件不同，目前沿用的标准是2007年9月修订的《儿童慢性咳嗽与反复呼吸道感染学术研讨会》。反复呼吸道感染临床可分为3个时期：急性期、迁延期和恢复期。

本病多归属中医"虚人感冒、体虚感冒"范畴，迁延期主要指呼吸道感染的急性期已过，但风热痰积等余邪未尽，正气已伤，临床表现为咳嗽反复不已，或鼻塞清涕多嚏，或咽痒干咳，或清嗓子，或喉中痰鸣等，病程大于半月者，同时可伴有不同程度的肺脾肾正气不足之象，以本虚标实为主要病机。

柴胡桂枝汤是小柴胡汤、桂枝汤各减其半量合方而成。《伤寒论》云：伤寒六七日，发热微恶寒，肢节烦疼，微呕，心下支结，外证未去者，柴胡桂枝汤主之。日本古方家吉益东洞定义为"柴胡桂枝汤治小柴胡汤桂枝汤之二方证相合者"，对本方的运用具有切实指导意义。小柴胡汤和解表里，桂枝汤调和营卫气血，两方合用，人体表里内外、上下气血、脏腑经络全部畅通，一气周流，阴阳平衡。即《黄帝内经》谓"阴平阳秘，精神乃治"。故反复呼吸道小儿迁延期，辨证属半表半里、营卫不和者可加减运用。

验案举例

胡某，男，5岁。

初诊：2012年11月19日。主诉：反复咳嗽发热近半年。现病史：患儿近半年来反复上呼吸道感染，平均每月1次，均表现为发热、咳嗽，当地医院治疗后可缓解。现咳嗽未净，有痰。平素昼夜多汗，面色欠华，胃纳正常，大便调。西医诊断反复呼吸道感染迁延期；中医诊断虚体感冒，证属正虚邪恋，枢机不利，营卫失和。治拟调和营卫之法。

处方：柴胡6g，黄芩6g，桂枝6g，甘草3g，白芍10g，大枣15g，姜半夏10g，太子参6g，黄芪10g，桔梗6g，浙贝6g，杏仁6g。7剂。

二诊：患儿服7剂后于2012年11月26日复诊，咳嗽明显减少，晨起偶咳，喷嚏，出汗减少，胃纳正常，大便调，面色欠华，舌质偏淡，苔薄白，脉细。拟前方加减。

处方：柴胡6g，黄芩6g，桂枝6g，白芍10g，甘草6g，大枣15g，姜半夏10g，黄芪12g，太子参10g，防风6g，炒白术10g，煅龙骨15g，煅牡蛎15g。7剂。

按语 该患儿反复呼吸道感染，反复咳嗽，平时汗多，本属肺脾不足，又加之外感，虚实夹杂，既有表气不足，营卫失调，又有邪正相争，此为少阳枢机不利之证。柴胡桂枝汤可谓紧扣病机，方中柴胡、黄芩、半夏，从少阳之枢达太阳之表，逐在外之邪，桂枝汤调和营卫，太子参、甘草、红枣补益中焦脾土，培土生金，再加桔梗、浙贝、杏仁清宣化痰，全方扶正祛邪，消补兼施，表里同治。故取得较好临床疗效。

（十一）柴葛解肌汤治小儿流行性感冒

柴葛解肌汤出自陶华《伤寒六书》，原方组成柴胡、干葛、甘草、黄芩、羌活、白芷、芍药、桔梗。

流行性感冒系流感病毒、副流感病毒所致，有明显流行病学史。上呼吸道其他症状轻，全身症状重，如高热、头痛、咽痛、肌肉酸痛等。属中医"时邪感冒"。

柴葛解肌汤原书主治外感风寒，郁而化热证。明代倪朱谟《本草汇言》

浙江中医临床名家·詹起荪

云："清肌退热，柴胡最佳，然无黄芩不能凉肌达表。"原书各药均未写用量，但特别提出石膏为一钱（即今之3g），量极少，说明本方用于外感风寒，初入阳明，表寒未解，里热初盛，若石膏过量不利于疏泄外邪。

流行性感冒外感时疫之邪，起病急骤，易于传变，若辨证属表寒未解、里热始盛者可用柴葛解肌汤加减治疗。

验案举例

李某，女，6岁。

初诊：2017年12月1日。主诉：发热3天。患儿3天前开始发热，体温最高39.5℃，服退热药后，可汗出热暂退，但4小时后体温复起，伴咽痛、咳嗽，无气急发绀，纳便正常。当地医院查"甲型流感病毒阳性"。查体：咽充血，双侧扁桃体Ⅱ°肿大，未见分泌物，心肺听诊无殊，舌质红，苔薄腻，脉浮数。

中医辨证：风寒未解，里热始盛，肺失清宣。

治法：疏宣清解化痰。

处方：柴胡6g，黄芩6g，葛根15g，羌活6g，三叶青6g，桔梗6g，蒲公英15g，甘草6g，浙贝10g，杏仁9g，竹沥半夏9g，前胡9g，大力子9g。3剂。

二诊：热退，咳嗽减少，早晚为主，有痰不易咳，夜间不咳，纳平，大便偏干，咽红，乳蛾红肿，舌红，苔薄腻微黄，脉滑。拟清宣化痰之法。

处方：桔梗6g，甘草6g，浙贝10g，杏仁9g，竹沥半夏9g，前胡9g，大力子9g，蝉衣6g，僵蚕6g，姜黄6g，陈皮6g。5剂。

按语 小儿发病容易，传变迅速，特别是感受时邪，邪气易迅速入里，往往表邪未解而里热已盛，或伤津伐正。方中柴胡、葛根解肌清热，羌活驱太阳之邪外出，助柴胡、葛根解肌表，黄芩清泄里热，甘草敛阴和营，又能调和诸药，浙贝、杏仁、大力子、三叶青、竹沥半夏清肺化痰。诸药合用，透表清热，表里双解，标本兼治。

（十二）五积散治小儿功能性腹痛

五积散出自《太平惠民和剂局方》，原方由麻黄、肉桂、白芷、干姜、苍术、厚朴、陈皮、半夏、茯苓、甘草、白芍、当归、川芎、枳壳、桔梗组成。

小儿功能性腹痛主要表现为腹痛反复发作，发作严重时影响正常生活及学习，发作间歇期表现正常，腹部B超、胸部X线、血象检查未见明显异常者。属中医"腹痛"范畴。

五积散原书主治"调中顺气，除风冷，化痰饮"。清代汪昂称其为"解表温中除湿之剂，去痰消痞调经之方"，归入表里之剂。一方之中内含诸名方，能散"寒积、食积、气积、血积、痰积"，而名五积散。因方中内寓柔筋缓急的芍药甘草汤、行气理血的枳实芍药散、调肝理脾的当归芍药散，此三方出自《伤寒论》《金匮要略》，为古今医家治疗腹痛常用方。故小儿功能性腹痛，中医辨证内有寒湿、痰饮、食积之症者可应用五积散。

验案举例

裘某，男，13岁。

初诊：2010年1月23日。主诉：反复腹痛3月余。患儿腹痛反复发作，发作周期不一，遇寒易发，发时痛苦不堪、蜷缩喜卧，无呕吐、腹泻、发热，发作间期无不适，平素胃纳不思、大便偏干、小便正常，曾在杭州各大医院往返诊治，已排除腹型紫癜、癫痫、阑尾炎、泌尿系结石等疾病，经解痉、通便、调节肠道微生态等治疗后腹痛可暂时缓解，不日又痛。中医症见：面色苍白，呈痛苦貌，腹软，全腹压痛，无包块，舌质淡胖、苔白厚腻，脉沉细。B超示"肠系膜淋巴结炎"，胃镜示"慢性浅表性胃炎"。既往体质尚可，喜食冷饮和饮料。家族中无相关病史。西医诊断功能性腹痛，中医诊断：腹痛（寒邪凝滞、气血痰结证）。治以辛散温通为先，拟五积散加减。

处方：生麻黄6g，肉桂3g，白芷10g，苍术10g，川厚朴10g，干姜9g，姜半夏10g，陈皮6g，云茯苓10g，甘草6g，桔梗6g，枳壳6g，炒白芍15g，川芎6g，炒当归12g。5剂。

二诊：患儿服药后偶有腹痛，不甚，大便通畅，舌淡胖、苔白腻，脉细。拟上方加减。

处方：生麻黄6g，肉桂3g，白芷10g，苍术10g，川厚朴10g，干姜9g，姜半夏10g，陈皮6g，云茯苓10g，甘草6g，桔梗6g，枳壳6g，炒白芍30g，川芎6g，炒当归12g，延胡索10g。再进7剂。

三诊：患儿近一周未发腹痛，胃纳渐增，舌淡胖苔白腻，脉细。上方去生麻黄、肉桂，加炒薏苡仁15g，白豆蔻6g，苦杏仁9g，再进7剂。

四诊：患儿腹痛未再发作，纳便正常，舌淡胖，苔薄腻，脉细。治拟健脾益气之法，以六君子汤加减善后。

按语 患儿素喜冷饮而有内伤湿冷之虞，遇寒腹痛明显，为寒邪同气相求之意，结合舌淡胖、苔白厚腻、脉沉细之症，分析病因病机为寒邪夹诸积凝滞中焦，搏结肠间，气不得行，血不得散，寒邪凝滞，气血瘀结，不通则痛。法以温通为先。应用五积散加减治疗后，使脏腑阴邪得除，经脉气血复通，故腹痛止。

（盛丽先　王其莉）

第二节　家族的传承——詹起荪名中医之子詹乃俊

一、詹乃俊简介

詹乃俊是浙江中医药大学副教授、副主任医师。1967年毕业于浙江医科大学（现浙江大学医学院）医疗系，大学本科学历。从事中西医临床、教学、科研工作50余年。

詹乃俊自1975年开始，一直在浙江中医学院和浙江省中医院从事中医基础、西医临床和中医儿科的临床、教学、科研工作。期间于1984年参加了广州中医学院举办的全国中医儿科教学研究班学习；1988～1990年参加了浙江中医学院举办的浙江省第七期西医离职学习中医班。

从1983年詹起荪教授被评为浙江省首届省级名老中医后，詹乃俊一直跟随詹起荪教授的临床诊疗工作，经考核评审后，被评为优秀学术继承人。1991年詹起荪教授被评为全国首届国家级名老中医后，又成为全国首届国家级名老中医的学术继承人。随后，一直从事中医儿科的教学、临床、科研工作。

詹乃俊在随其父临床工作总结詹起荪教授的学术观点、临诊经验和协助科研工作的同时，结合自己在临诊实践中的经验，总结心得和体会，既丰富了教学工作中的内容，提高了临诊治疗的疗效，也取得了科研的成果。分别撰写了《詹起荪教授治小儿外感咳嗽的经验》《詹起荪教授临床诊治小儿腹泻的经验》和《理脾化湿汤治疗小儿厌食证50例疗效分析》等论文十余篇。参加了"詹起荪教授诊治婴幼儿腹泻电脑系统"软件的研发和临床验证工作，经推广应用得到临床医生和患儿家长的认同，并获得浙江省科技成果奖。根据詹起荪教授总结的"詹氏儿科"外治法的临床经验和自身的临诊实

浙江中医临床名家·詹起荪

践，研制了"小儿健脾暖胃药袋"，临床有效率达到86.67%，并获得了全国实用新技术新产品金奖。

詹乃俊在完成教学、科研和临床工作的同时，热心参加社会工作，分别担任了浙江省中医学会儿科分会秘书、副主任委员工作，还担任了中国农工民主党浙江中医学院支部委员、主任委员工作。

二、学习运用詹起荪教授经验的相关研究文章

詹起荪教授治疗小儿外感咳嗽的经验

咳嗽是一个症状。即肺气上逆作声，咯吐痰液。很多外感或内伤所致的多种急慢性病证，都有咳嗽出现。小儿乃稚阴稚阳之体，脏腑娇嫩，肌肤薄，腠理疏，卫外功能不固，加之肺气虚，因此在临床上小儿咳嗽以外感之因为最多，以肺脏受累为最易。

詹起荪教授从近50年临床诊治小儿外感咳嗽中积累了丰富的实践经验。他认为小儿之所以易患外感咳嗽，最主要原因是外邪由皮毛、口鼻入侵于肺脏所致。因此，在小儿外感咳嗽的治疗中应该以"宣通肺气，疏散外邪"为治疗原则，切不可过早地使用凉润、滋腻、止咳的药物，以免使邪碍滞。詹老又根据临床治疗的实践，将小儿外感咳嗽区分为几个不同的病理阶段，并对各个阶段给予不同的治疗原则，其中含有疏表、宣肺、清肺、肃肺、润肺、豁痰、理气等不同的治疗方法，现总结介绍如下。

1. 疏表配宣肺

"肺为娇脏，不耐寒热"在小儿尤为突出。此阶段多为邪在表，故应因势利导，疏散外邪，而达到邪祛咳缓之目的。所以"疏表宣肺"为小儿外感咳嗽初起阶段的主要治则。以宣肺协助疏表，两者相辅相成，互相配合，相得益彰，而致正安咳止。

在治疗中詹老根据《黄帝内经》"因其轻而扬之""治上焦如羽，非轻不举"之旨，主张在用药中宜予轻浮，而不可重浊。需取微辛散之，微苦以降之，才合乎于娇肺轻清之治。在具体疏表之中，若以风寒之邪为主者，宜选用辛微温之剂（如苏梗）；以风热之邪为主者，则宜选用辛微寒之剂（如桑叶、甘菊）。又因小儿稚阴稚阳，易虚易实，卫阳本未充盛，如在疏表之中应用了疏散的重剂，常易因发汗过多，而更耗其卫气；或表邪解后辄易自汗不止。而汗出则更使卫气虚弱，易复感外邪。故詹老在治疗中不主张应用麻黄、桂枝等解表重剂。配以宣肺，既有解表宣扬之

利，又有轻可去实之能。所以，在咳嗽之初常常选用蝉衣、前胡等既能宣肺又能疏散表邪之品。此外，对因肺气失宣而致咳嗽者，切忌见咳止咳，这常出现愈止则邪愈不透，肺气更不得宣达而咳嗽亦不得安宁，并有关门留寇之弊。

2. 热证拟清肺

叶天士《临证指南·幼科要略》中指出："按襁褓小儿，体属纯阳，所患热病最多"。小儿为"纯阳"之体，"阴常不足"。因此，一遇外邪常易从阳化热，故临床上又以外感风热咳嗽或风寒化热的咳嗽较为多见。症状常表现为咽红、咽痛、咳嗽痰滞不爽，舌红苔薄黄，脉浮数等。故在治疗之时宜在疏表宣肺的同时加以清解之剂。如詹老在治疗中常适当加入清解肺经气分之热的银花、连翘等药。

然而，此阶段切忌见发热而以"炎"症概之，杂投苦寒，或在解表药中加用大剂量生石膏，以造成"冰伏其邪，药过病所"而贻误病情。而且苦寒之味，易损伤脾胃之气，脾胃乃小儿生长发育之根本，故苦寒之药更应谨慎用之。

3. 久咳应肃肺

肺喜清肃，故小儿外感咳嗽，久咳未缓，而痰聚肺中，多为肺失清肃。詹老对此阶段主张应用"肃肺化痰"法，临证常选用枇杷叶、冬花等，以达肃降肺气、止咳化痰之目的；又肺喜润，所以对咳久而使肺阴受损者，又常佐以润肺之剂而加用瓜蒌皮、北沙参等药物。

詹起苏教授将"肃肺"之法多用于邪已宣透，而痰鸣咳声重浊者；亦可用于咳久而表证已解者。但凉润之味切不可用之过早，否则反导致滞邪留痰，使咳嗽缠绵时日。

4. 豁痰佐理气

"痰"是肺失宣降的病理产物，也是引起咳嗽的主要原因之一。前人谓："肺为聚痰之器"。痰阻气道，肺气不得爽达，故导致咳嗽症状加剧。所以在外感咳嗽的治疗中，必须根据临床各阶段的具体情况，采用各种不同的豁痰药物。如浙贝、半夏等常用于宣肺豁痰；枇杷叶可以肃肺豁痰；而瓜蒌皮等又可达润肺豁痰之目的。詹老多次强调，只有正确的应用豁痰药物，才能使痰得以豁达，使咳嗽自然松爽而症自缓。从而达到气道得通，痰逆得平，咳嗽自止的疗效。

痰随气而升降，气滞则痰聚，气顺则痰消。正如庞安常曰："善治痰者，不治痰而治气，气顺则一身津液亦随气而顺矣。"因此，詹老认为治咳嗽豁痰为要务，但应常佐以理气之剂，从而达到"理气化痰"之疗效；致使气道畅通，痰浊容易排出，而咳嗽之症自缓。

5. 验案举例

病案一 张某，女，8个月。

外感新受，肺气失宣，身微热鼻流清涕，痰滞咳嗽不爽，伴有呕恶，胃纳尚可，二便如常，苔薄白，指纹淡紫，拟疏宣豁痰：连翘6g，前胡5g，杏仁6g，冬桑叶6g，金沸草（包）6g，炒竹茹5g，神曲6g，炒谷芽9g，苏梗3克，浙贝6g，陈皮5g。

按语 小儿卫外不固，表邪束肺，肺失清宣，治宜疏宣表邪、宣肺豁痰，则使肺气得宣开，表邪得以外解，从而达到邪去而嗽宁。患儿经上方服用3剂后即愈。

病案二 沈某，男，2岁。

肺气素虚，屡受外感，痰鸣连声咳嗽延已月余，咳甚气逆，胃纳一般，二便尚可，苔薄腻，指纹淡紫，拟清肺豁痰：制天虫6g，化橘红5g，淡芩2g，桑白皮5g，前胡5g，冬桑叶6g，甘菊6g，浙贝6g，炒竹茹5g，3剂。

二诊： 近日咳嗽已不连声，次数亦减少，气逆渐平，胃纳尚可，二便正常，苔薄腻，指纹淡紫，拟肃肺豁痰：桑白皮5g，制天虫6g，陈皮5g，淡芩2g，冬桑叶6g，粉沙参5g，浙贝6g，前胡5g，杏仁6g，炒谷芽9g，神曲6g，5剂。

按语 患儿肺气素虚，肺卫不固，外邪易受，且日久痰热蕴肺，阻于气道，致使连声咳嗽不爽，痰鸣气逆。治宜先清肺经之痰热，平气而豁痰；待内蕴之痰热渐清，咳嗽松爽，次数减少时，即可改清肃肺金之余邪，润肺化痰而愈。

6. 体会

（1）清代吴鞠通《解儿难》中云："其用药也，稍呆则滞，稍重则伤，稍不对证，则莫知其乡，捉风捕影，转救转剧，转去转远。"据此，詹老在上述治疗小儿外感咳嗽之初起，均选用辛微温或微寒之剂，而不应用解表重剂，这样在治疗中既避免伤及小儿方萌之气，又可以防止药过病所，冰伏其邪，而贻误病情之弊。

（2）小儿外感咳嗽是外邪犯肺，肺失清宣所致。所以在外感初起时，常常表邪未解，因此过早地应用止咳之剂，多可致使痰热蕴肺，阻于气道，出现表邪不解，咳嗽连声不爽。这些都是由于见咳止咳，越止则肺气越不能宣达，以造成关门留寇之恶果。

（3）《素问·咳论》云："五脏六腑皆令人咳，非独肺也。"《医学真传》云："诸病易治，咳嗽难医。夫所以难治者，缘咳嗽根由故多，不止于肺也。"认为小儿咳嗽不离乎肺，但又常和脾肾有关，更以脾为多见。如有固痰而嗽者，因小儿脾胃薄弱，易为乱食、生冷、积热所伤，致使脾失健运，水谷不能化生精微反而酿成痰浊，上贮于肺，阻遏气道，使肺之清气不得宣畅而发为咳嗽。因此，詹老主张在小儿外感咳嗽的治疗中，应以"急则治标，缓则治本"的原则，在治疗同时，必须注意兼顾小儿的体质，运用较为适当的健脾药物。这样既可以达到增强小儿体质，以拒外邪之目的，又可以防止邪恋不解，咳嗽不去之弊。

（詹乃俊）

引自：浙江中医学院学报，1993，17（2）

小儿健脾暖胃药袋治疗小儿脾虚证疗效分析

根据著名儿科专家詹起荪教授祖传秘方研制而成的"小儿健脾暖胃药袋"，经过2年多在临床上对小儿"脾虚证"患者进行疗效观察，取得了良好效果，报道如下。

1. 对象与方法

（1）对象：参照中国中西医结合研究会儿科专业委员会第二届学术会议制定的"小儿脾虚证诊断标准（1987）"，对厌食、疳证、泄泻、腹痛患儿属脾虚证者，均列为观察对象。共110例，男51例、女59例，年龄最小4个月，最大8岁，1岁以内8例，1～3岁27例，4～5岁44例，6～8岁31例。随机分为两组，其中健脾暖胃药袋组（药袋组）90例，空白对照组（对照组）20例。

西医诊断为神经厌食38例、营养不良31例、消化不良34例、肠炎7例，其中伴反复呼吸道感染41例。大部分患儿曾用各种抗生素、助消化药及营养滋补药治疗，效果不显。

（2）方法：药袋组采用苍术、枳壳、干姜、香附、丁香、当归、大腹皮等制成的药袋紧贴于脐上半寸处固定，每周换药1次；对照组不作任何处理，均观察4周，由专人观察病情变化，观察期间停用一切相关药物。

（3）疗效判定标准：以饮食、大便、面色、肢倦乏力、腹胀痛几项基本症状和体征的改善情况及体重的增长作为观察项目，其中显效为体重增加1kg或以上，基本症状和体征消失或显著改善；好转为体重增加0.5kg或以上、1kg以下，基本症状和体征好转；无效为体重增加在0.5kg以下，基本症状和体征未改善。

（4）结果中计数资料采用 χ^2 检验、计量资料采用t检验。

2. 结果

（1）疗效：药袋组和对照组显效、好转、无效例数分别为29（32.22%）、49（54.44%）、12（13.33%）和3（15%）、17（85%），总有效率分别为86.67%和15%，药袋组显著高于对照组（$\chi^2=42.79$，$P<0.01$）。

（2）基本症状和体征改善：①药袋组：治疗后食欲好转，食量增加者62例，占68.89%；其中增加最多者达每日增食175g。大便泄泻或大便粗糙夹不消化物者，治疗后均恢复正常或明显改善。大便化验有白细胞或脂肪球13例中，用药后粪检恢复正常11例，占84.62%。治疗前面色萎黄无华者77例，用药后面色明显好转者31例，占40.1%。治疗前腹胀或腹痛不舒者7例，用药后症状消失6例，占85.71%；减轻1例，占14.29%。治疗前37例有不同程度的精神不振或烦躁易怒，夜寐不宁，用药后28例症状消失或明显改善，占75.68%。24例用药后外感次数明显减少。此外，用药后自汗、盗汗、遗尿等症状也有不同程度地改善。②对照组：20例患儿中除3例基本症状有好转外，其余均无变化。

（3）体重的变化：药袋组体重增加者80例，占88.89%，平均增加0.69kg，增长最快者达2.5kg。对照组体重增加者3例，平均增加0.75kg。

（4）身高的变化：药袋组身高增长者67例，占77%，平均增长1.43cm，增长最快者达5.0cm。

（5）血红蛋白（Hb）的变化：药袋组共检测67例，其中55例比治疗前上升，占82.09%。治疗前Hb均值为104.6±12.2g/L，治疗后Hb均值为111±13.09/L，平均增加6.2g/L；治疗前后有非常显著性差异（$t=6.25$，$P<0.001$）。

（6）不良反应：药袋组6例出现脐周红疹、瘙痒，停药后即消退。1例出现腹痛、1例体温升高，这两例在观察期间同时患外感、食积，家长自行停药。

3. 讨论

小儿脾胃病临床十分常见，发病率仅次于呼吸系统疾病，且直接影响小儿的生长发育。小儿健脾暖胃药袋选用苍术、枳壳、干姜、香附、丁香、大腹皮等，具有健脾温中、理气和胃、疏肝止痛的作用；选用薄贴剂型，使药效通过毛孔进入体内，且通过局部经络腧穴作用，调整内脏气血功能。脐部表皮角质层最薄，脐下有丰富的静脉网，有助于药物透入并迅速弥散至血液，通达全身组织器官，达到用外治法治疗内科病的目的。本文资料表明用小儿健脾暖胃药袋治疗脾胃病不仅症状和体征改善，且身高、体重、血红蛋白均有明显增长，从而对小儿厌食、疳证、泄泻、腹痛、缺铁性贫血等有良好效果。还发现治疗后患儿多汗、反复外感等亦有所好转，说明对增强机体抵抗力亦有一定作用。

一般给药方法小儿难以接受，家长诸多不便，本法简便有效，值得推广应用。

（詹乃俊）

引自：浙江医学，1994，16（4）

运用詹起荪教授自拟经验方"定痫豁痰汤"治疗癫痫

定痫豁痰汤组成：明天麻6g，钩藤9g，辰茯苓9g，制天虫6g，地龙6g，陈胆星6g，炒白芍5g，郁金5g，炒当归5g，陈皮5g。

加减运用：若有风邪外袭、痰阻气道者，可加浙贝、化橘红豁痰通气；有乳食遇惊停积者，可加神曲、炒薏仁消积运滞；血滞心窍者，可加丹参用以活血。

验案举例

病案一 倪某，男，7岁。

初诊：1991年7月15日。患儿出生时不哭，输氧后才好转，自前年8月突然目视神呆，面色发青，四肢抽搐，其后反复发作；近阶段右侧抽搐明显，脑电图描记为"癫痫"，四月份发作转频，苔薄腻、脉弦细。诊断为癫痫。治法拟平肝息风，镇痉豁痰法。

处方：明天麻9g，钩藤9g，辰茯苓9g，制天虫6g，地龙6g，陈胆星6g，郁金5g，白蒺藜9g，甘菊6g，炒白芍5g，陈皮5g，炒淡芩2g。7剂。

复诊：1991年7月29日。患儿服药后仅发一次，时间明显短暂。症状较轻，且胃纳明显好转，大便干，苔薄黄腻，脉弦细。拟前方出入。

处方：明天麻9g，甘菊9g，白蒺藜9g，郁金5g，陈胆星6g，炒淡芩2g。炒桑叶9g，佩兰6g，炒枳壳3克，鸡内金6g。炒谷芽9g，楂炭6g。7剂。

上方续服半月后未见再发，此后，患儿又自行服上方月余后停药。半年后随访已基本痊愈。

病案二 周某，男，8岁。

初诊：1991年11月11日。患儿出生时剖腹产，生后即哭。1991年7月2日夜突然神昏目视神呆，痰鸣抽搐。每次发作时自不知觉。曾检查脑电图，描记诊为"左中央致痫灶"，曾服用西药治疗无效，前来诊治。苔薄腻，脉弦滑。诊断为癫痫。治法为平肝息风，定痉豁痰。

处方：明天麻9g，辰茯苓9g。白蒺藜9g，甘菊6g，地龙6g，竹沥半夏6g，制天虫6g，陈胆星9g，郁金5g，陈皮5g，浙贝6g，化橘红5g。7剂。

二诊：1991年11月18日。喉间痰鸣，胃纳一般，大便干，溲黄，苔薄黄腻，脉弦滑，拟前方出入。

处方：明天麻9g，辰茯苓9g，钩藤9g，辰胆星6g，竹沥半夏6g，杏仁6g，制天虫6g，郁金5g，炒当归5g，炒白芍5g，陈皮5g，地龙6g，7剂。

三诊：1991年11月25日。服药治疗后，近阶段未见发作。胃纳一般，大便尚可，溲浑而短，苔薄腻，脉弦滑，拟前方出入。

此后，用"定痫豁痰汤"治疗月余后停药，一年后随访未再发作，已基本痊愈。

按语 本方是詹氏根据"痫证"发病的病因病机特点，对其症状进行了详细地分析和认真地审辨，抓住病机关键，以自己的学术见解并结合多年的临诊经验研定而成。本研究的几十例病案中，在接受本方治疗前均经过不同阶段的抗癫痫药物和方剂的治疗，在本方治疗中和治疗后均已停服上述所有药物。其中有脑电图检查提示癫痫者，在停药后或随访复查，均提示"正常"或"大致正常"。在病例中除一例因家庭突变受强烈刺激后有轻度发作一次外，余例均未再出现发作症状。

（詹乃俊）

詹起荪教授临床诊治小儿腹泻的经验

小儿腹泻是儿童时期最常见疾病之一，由于发病率高，病程较长，对小儿机体生长发育的影响较大，而成为小儿疾病中新"四大症"之一。

小儿腹泻是詹老擅长治疗的儿科疾病之一，他不仅能吸取历代医家之长，而且又不拘于古人之见，在数十年的临床实践中，尤其是近几年来在对小儿腹泻的辨证论治做了系统深入研究的基础上，形成了自己独特的理论见解和丰富的临床经验。现将在随詹老近年来临床诊治中，所学习和领会的其临诊经验，初步介绍如下。

1. 必须重视小儿的生理病理特点

小儿脏腑娇嫩，形气未充，在生长发育过程中，主要依靠脾胃不断地吸收饮食营养而资以为生，所以"脾胃为后天之本"对小儿来说就显得更为重要。小儿生机蓬勃，发育迅速，对水谷精微的需求量相对地较之成人更为迫切。然而，小儿脾常不足，脾胃的运化功能尚未健全，这就形成了营养需求量大而相对脾胃功能不足的内在矛盾，加之小儿饮食不知自节，寒温不能自调，因此，无论外感内伤均容易导致脾胃功能紊乱。故在某些外来因素的影响下，以脾胃方面的疾病就较多见，尤以腹泻更为甚之，致有"泄泻之本无不由于脾胃"之说。

因此，詹老认为对小儿腹泻的辨证，虽其病因是多方面的，比较复杂的，但必须从小儿生理病理的整体观念出发，掌握好脾胃这一中心环节，以及寒、热、虚、实四个基本类型，从正邪相争、阴阳失调、升降失司等病理变化中去辨证求因，审因论治，方能执简驭繁，知常达变，应用自如。此外，詹老明确提出，脾胃不仅在腹泻的发病过程中居主要地位，而且在腹泻的病情转归上也取决于脾胃，因此，在腹泻的整个病程中，应该自始至终保护好小儿的脾胃之气。

2. 小儿腹泻临床诊治的学术观点

腹泻症状主要表现在大便的变化，故在发病过程中，大便的性状、色泽、气味等方面的变化是比较多的，这是提供临床辨证的依据之一，但必须同时辨析其全身的症状，抓住疾病的根本全面地剖析。

詹老认为"小儿腹泻"之本在脾，所以治泻应重在健脾，而健脾不在"补"应在"运"，所谓"运"也就是指"调畅气机"。因脾胃为机体升降出入之枢纽，故在临床治疗中当首先重视调理脾胃升降之机，这就是"运脾"。同时，在辨证治疗时还必须看到发病过程是在不断变化的，因此也不能忽视疏理肝气和宣畅肺气，因肝主疏泄，喜条达，所以肝的疏泄功能既可调畅气机，又能协调脾胃之气的升降；而肺主一身之气，肺之节不行则一身之气皆滞，故宣畅肺气，伸其治节，亦是调升降运枢机的重要方面。加之，肺与大肠相表里，肺气宣畅，肠间无上焦之邪浊下迫，使升降如常，故腹泻亦愈。

再则，詹老在小儿腹泻的临床治疗中，虽有分利、清热、化湿、消导、健脾和中、温补脾肾、升阳固涩、调理肝脾等法。但始终注意到，既避免其壅滞之弊，又能使补而不滞，收中有通。从而达到气机调畅，致使壅滞之湿，伏遏之热，胶固之痰，停积之食得以推动荡涤之目的。只有这样才能使脾胃功能迅速恢复趋于正常，不治泻而泻自止。

同时，詹老临床以轻灵活泼之处方来适应于小儿"生机蓬勃""脏气清灵""随拨随应"之特性。其主要表现有以下几点。

（1）用药选择以质轻味薄之品：因轻灵之品既可鼓舞脾胃之气，使脾胃得健以资助气血生化之源，又可调整脾胃功能，促进脾胃对药物及营养物质的吸收增强机体的抗邪能力。此外，质轻味薄之品煎成汤剂后，药汁清淡，苦味不甚，易于入口，便于小儿服用。

（2）用药量轻：詹老认为小儿服药应以少量频频服用为宜。因腹泻患儿脾胃之气既伤，中州已不任重负，故药多量重不仅无益，反而愈伐其胃气。而少量频服，既能缓缓振奋中土，又能促进药汁吸收，从而达到加速腹泻痊愈的目的。

3. 验案举例

楼某，男，17个月。

初诊：1991年10月20日。患儿大便泄泻延已4个月余，泻下溏薄不化，日5～6次，面色萎黄，形体消瘦，精神软弱，长期胃纳不思，有时食后欲便，舌质淡，苔薄白，指纹色淡。临床诊断：脾虚泄泻。治则健脾扶运。

处方：炒党参5g，川朴花6g，炒山药9g，炒谷芽9g，茯苓9g，炒薏苡仁9g，陈皮5g，焦六曲6g，木香2g，炒白术5g，藿香5g。

经服4剂后，大便已成形，日1～2次，全身情况已有好转，并有胃纳增加之象，经前方加减复诊治疗后，随访患儿已基本康复，未见腹泻。

按语 本病发生、发展的关键是脾虚失运。因此，健脾扶运是其基本治疗法则，在具体配伍中，以党参、白术益气补脾，具有强壮作用；藿香芳香化湿，川朴花、木香、陈皮理气助运，皆能增强胃肠功能，帮助消化；茯苓、薏苡仁健脾化湿，可使肠道水分减少，大便渐趋干稠；神曲、谷芽消食助运。全方既照顾到脾虚本质，又得益气补脾与祛湿之效。助运、理气消滞相辅相成。从而达到补而不滞，收中有通，气机调畅的目的，使脾胃功能迅速恢复正常，不治泻而泻自止。

（詹乃俊）

引自：浙江中医学院学报，1993，17（4）

理脾化湿汤治疗小儿厌食证50例疗效分析

近年来，小儿厌食证发病率明显增高，对儿童生长发育、抗病能力等均有影响，任其发展下去极易造成疳积、营养不良、佝偻病及贫血等病证。笔者根据詹起荪教授数十年的经验结合本人临诊心得，自拟理脾化湿汤治疗小儿厌食证（脾虚夹湿型）50例，取得了较为满意的疗效，现总结介绍如下。

1. 临床资料

（1）一般资料：50例中，男性28例，女性22例；病程最长者半年余，最短者二月，平均三月左右；年龄1～2岁15人，3～4岁18人，5～6岁10人，6岁以上7人。

（2）病例选择：所有病例均有面色萎黄，形体较瘦，长期胃纳不思，时有胸闷不舒，脘腹作胀，常感口淡无味，大便粗糙不化之主症。部分患儿伴有微热（7例）、腹痛（5例）、便溏（8例）等症状。

（3）诊断标准：根据卫生部中医司1986年制定的《中医儿科病证诊断、疗效标准》中"厌食证的诊断、疗效标准"而制定。

2. 治疗方法

（1）本方组成：炒薏苡仁、川朴花、茯苓、炒淡芩、炒枳壳、神曲、大腹皮。

（2）随症加减：伴有微热者加青蒿；腹胀且痛者加制香附、陈皮，大便溏泄不

浙江中医临床名家·詹起荪

化者加炒白术；舌苔厚腻者加山楂炭、鸡内金。

（3）服用方法：先将诸药用水（约500ml）浸泡15～20分钟，然后用文火煎至一半量，每日分二次服下，疗程为二周。

3. 治疗结果

（1）疗效标准：①显效：食欲明显改善，一日食量增加一倍以上；3岁及3岁以下小儿体重增加≥1kg，3岁以上小儿体重增加≥0.5kg；其他症状基本消失。②有效：食欲改善，一日食量增加0.5倍以上；3岁及3岁以下小儿体重增加≥0.5kg，3岁以上小儿体重增加≥0.25kg；其他症状明显减轻。③无效：治疗后体重增加<0.25kg；食欲及其他症状无明显改善。

（2）疗效观察：显效32例，占64%；有效16例，占32%；无效2例，占4%。总有效率为96%。

4. 验案举例

高某，男，9岁。

初诊：1993年1月4日。患儿面色萎黄，形体消瘦，长期有偏食习惯。半年来胃纳明显下降，每餐不足半两。近月来经常诉说胸口满闷不适，脘腹作胀时伴疼痛，大便粗糙不化气秽，舌苔厚腻，脉濡细。血常规检查：血红蛋白90g/L。辨证：患儿由于长期饮食不当，以致脾胃功能日渐受损，而导致运化失司、水谷不化、精微不布，引起了谷反为滞，水反为湿，气机受阻，胃纳呆滞的病理而发病。治拟理脾化湿运滞之法：炒薏苡仁9g，炒枳壳2g，炒淡芩2g，茯苓9g，炒谷芽9g，神曲6g，鸡内金6g，大腹皮5g，陈皮5g，川朴花5g，楂炭6g。7剂后胸闷脘腹作胀不舒已缓，胃纳渐思每餐均在1两以上，大便气秽有所减轻，舌苔厚腻已化，脉弦细，以健脾扶正为主，前方加减又服一周，症状基本消失，胃纳明显增加（每天总量达半斤以上）。家长要求继续调理脾胃功能，一月后随访已痊愈。

5. 体会

厌食证之因虽有小儿脾常不足的生理、病理特点内在因素，但片面的追求高营养，长期的喂养不当，饮食失调及偏食等日益损伤脾胃功能，是导致小儿厌食证的主要原因。临床上在胃纳明显减退的情况下，可见口淡无味、胸闷不适、脘腹作胀之脾虚夹湿之证。治疗时应以理脾化湿运滞立法，达到恢复脾胃纳运功能之目的，如若单纯以补为主，往往易碍气机；而一味消导，又会损脾伤正。所以治本病的关键在于“理脾气”。只有这样才能调畅气机，促进脾胃运化，而使病证得愈。理脾化湿汤其主要功效贵在疏理气机，方中薏苡仁、茯苓等理脾化湿；川朴花、枳壳芳香振动气机；大腹皮开郁理气；淡芩燥湿；神曲醒胃消积。诸药配伍可复其虚、调其气、除其湿、行其滞。共济理脾化湿、消积运滞、调畅气机之效。

（詹乃俊）

引自：浙江中医学院学报，1994，18（2）

清肺豁痰汤治疗顿咳68例疗效分析

小儿顿咳，多缠绵时日，且易损伤血络，而出现痰中带血、鼻血，甚则眼结膜出现血斑块，日久更伤及脾胃，致饮食不思或颜面、眼睑浮肿，对小儿身体影响颇剧。笔者在詹氏儿科诊治本病经验的基础上，结合临诊体会自拟"清肺豁痰汤"用于治疗小儿顿咳68例取得了满意的疗效，总结如下。

1. 临床资料

（1）一般资料：68例中，男性30人，女性38人；年龄最大7岁，最小1岁，平均3.5岁；病程最长达1月，最短者为半月，平均21天；其中，伴鼻血者15例，眼结膜血斑者7例，颜面浮肿者12例，胃纳不思、便溏者8例。

（2）病例选择：68例系门诊患儿，在本方治疗前均经中西治疗达一周以上，疗效不显著。来诊时全部病例进行血常规检查，白细胞总数在$10 \times 10^9 \sim 20 \times 10^9$/L之间，淋巴细胞在60%～70%之间。其中23例患儿，经胸部X线检查发现有肺纹理增粗现象。

2. 治疗方法

（1）本方组成：清炙桑白皮、竹沥半夏、浙贝、清炙白前、百部、制天虫。

（2）随症加减：咳时伴呕恶者加炒竹茹；若咳甚痰中带血或鼻血者加白茅根、藕节，更见眼结膜现血斑块者加红花；若咳时兼有矢气或遗尿者加太子参；若见颜面浮肿、胃纳不思或便溏者加炒白术、茯苓；治疗中咳嗽转松、阵咳次数减少者加枇杷叶；若见痰涎壅盛有壅闭之象者，急用猴枣散一瓶合苏合香丸一粒研末，分次吞服。

3. 治疗结果

68例全部痊愈。疗程：11例在3天内治愈，18例在5剂后治愈，其余病例均在1周内痊愈。痊愈均经血常规和胸部X线检查复查，全部病例都显示正常。

4. 典型病例

李某，女，3岁。

初诊：1994年3月4日。患儿肺气素虚，外感易受。近半月来痰滞咳嗽连声阵作，多伴回声，夜间为甚，日十余次。咳甚面红耳赤，弯腰屈背，并伴呕吐、胃纳不思、大便偏溏，苔白腻，脉弦滑。实验室检查：白细胞总数15.1×10⁹/L，淋巴细胞67%。胸部X线检查提示：两肺纹理增粗。治拟清肺豁痰、和胃降逆之方：清炙桑白皮6g，浙贝6g，化橘红5g，竹沥半夏6g，清炙白前6g，百部6g，制天虫6g，炒白术6g，炒竹茹5g，炒枳壳3g。

3剂后，痰鸣咳嗽渐转松爽，连声阵作已除，呕吐未作，唯胃纳仍差。前方去制天虫、炒竹茹，加枇杷叶6g，炒谷芽9g。续服4剂后，痰鸣咳嗽已除，胃纳稍增，精神状况明显好转，经血常规和胸部X线检查均已恢复正常。

5. 体会

顿咳主要病机为痰热蕴肺，气道不利而致痰邪上逆、反复阵咳。在婴幼儿本病更为危险，容易出现痰热壅闭，以致窒息变证。因此在临床治疗中，当以清泄肺热、宣豁痰涎、通利气道为关键。方中桑白皮清泄肺热，浙贝、竹沥半夏清肺豁痰为主药；白前降气消痰；制天虫降肺气、涤痰热；百部清热润肺化痰。诸药合用，共奏清肺热、降肺气、豁痰涎之效。

此外，小儿顿咳的调护十分重要，除饮食方面对油腻、鱼腥、酸甜之物应禁忌外，更应对气候寒冷注意护理，避免受寒再感新邪。因本病虽经治疗好转后，但当未痊愈时，再受新邪即致病情反复，阵咳如前，须引起高度的重视。

（詹乃俊）

引自：浙江中医学院学报，1995，19（2）

第三节　薪火相传——詹起荪名中医指导过的研究生

一、李国荣

李国荣，詹起荪教授1988届硕士研究生。浙江省宁波市妇女儿童医院主任中医师。1982年从浙江中医学院中医系本科毕业；1985～1988年师从浙江中医学院詹起荪教授攻读中医儿科硕士研究生，研究方向：小儿哮喘研究，获医学硕士学位。从事中医儿科临床工作30多年，担任宁波市妇女儿童医院中医科主任十余年，曾任医院党委委员、科教科科长。任中华中医药学会儿科分会第八届委员会委员、宁波市中医药学会理事、宁波市中医儿科学会副主任委员、宁波市中西医学会常务理事。李国荣热爱中医事业，长期从事中医儿科临床工作，对中医儿科常见病及某些疑难病能较正确治疗，尤其对小儿呼吸系统疾病（特别是小儿哮喘）有较深的感悟。主要学术思想有以脉诊为中心的儿科临床辨证体系；小儿生理特点为少阳之体；在五脏相关的基础上，重视肝在小儿疾病中的重要性；主张寒温统一，尤其重视经方在儿科临床的应用。内治和外治相结合，注重中医健康宣教，具有较丰富的理论知识和临床经验，发表专业论文十余篇。

詹起荪教授治疗小儿哮喘发作期的经验方介绍

【组成】 旋覆花（包）6～9g，炒苏子4g，干地龙6～9g，制天虫6g，蝉衣2g，浙贝6g，杏仁6g，化橘红5g，竹沥半夏6g。

【功效】 宣肺豁痰平喘。

【方义】 哮喘是由于外邪诱发，触动伏痰，痰阻气道所致。盖痰壅则气滞，气滞则肺失清肃下降之令，故为咳为喘。治当以宣肺豁痰利气为关键。方中用旋覆花、苏子降气消痰；地龙、制天虫、蝉衣宣肺化痰，祛风解痉，既能疏散外邪，又能疏通气道壅滞，对缓解支气管痉挛有效。浙贝、杏仁、化橘红、竹沥半夏豁痰制源。盖气顺则痰消，痰去则气平，哮喘可解。

【体会】

1. 用药轻灵，适中病情　本方含有旋覆代赭汤、三子养亲汤等方，而所取者均为轻灵不伤脾肺之品。导师认为小儿哮喘，反复发作，耗散肺气，累及于脾，每见肺气素虚或素体脾肺两虚的体质。小儿本为稚阴稚阳之体，用药稍重，易伤内脏。因此，临床用药当尽量用平和之品，切忌用峻猛之剂，克伐脾胃，耗散肺气。正如张景岳所说："攻邪气者，须分微甚，或散其风，或温其寒，或清其痰火。然久发者，气无不虚……攻之太过，未有不致日甚而危者"。所喜者，小儿乃"纯阳之体"，活力充沛，反应敏捷。用药轻灵，适到病所，就有如鼓应桴之效。既切中病情，又不损及内脏，本方就是这样的一个范例。

2. 畅流制源，截断病势　明代楼英《医学纲目》："凡治喘正发时无痰，将愈时却吐痰者，乃痰于正发之时闭塞不通而喘甚。当于其时，开其痰路则易安也"。开其痰路，豁痰畅流，是导师治疗哮喘发作时的重要着眼点之一。稠痰得去，气逆始平。方中用浙贝、杏仁、竹沥半夏等豁痰。

哮喘发作时，豁痰利气，虽然重要，而燥湿健脾化痰，减少痰之来源，也是中断病情发展的重要环节。方中用二陈汤之意，取化橘红、竹沥半夏等制源以绝痰路。

3. 有方有圆，运用广泛　上述组方，自成规矩。若能灵活运用，随证加减，就能举一反三，广泛运用。

小儿哮喘多由外感引发。其时可见咳喘哮鸣，咳痰不爽，鼻塞流涕，脉浮。当以方中制天虫、蝉衣疏散风邪，宣肺化痰为君，酌加冬桑叶、甘菊等。表证去后，喘鸣甚者，要以旋覆花、苏子为主，可加代赭石等。喘刚缓解每见咳嗽痰多、食少苔厚等脾虚痰湿之证。此时，稍有不当，常有引起复发之虑。故要以方中化橘红、竹沥半夏为主，并增炒香枇杷叶、佩兰、茯苓等健脾助运之品。服用较长一段时间，不仅能使病情稳定，不再复发。而且，常使患儿胃纳渐旺，元气渐充。

【典型病例】

病案一　章某，男，14岁。

初诊：1985年9月21日。肺气素虚，有哮喘病史，经常外感引发。1985年上半年，经长期服药后，喘逆未作。长期服药后，半年未发。日前外感，喉痒痰滞咳嗽，昨夜气喘不能平卧，胃纳不思，二便尚可，苔薄白腻，脉弦细。拟清宣豁痰之法。

制天虫6g，蝉衣2g，冬桑叶6g，甘菊6g，竹沥半夏6g，杏仁6g，旋覆花（包）6g，前胡5g，化橘红5g，浙贝6g，地龙6g，炒淡芩2g。3剂。

复诊：肺气素虚，有哮喘病史。日前外感引发，服药后，痰鸣气逆渐平，咳嗽不多，胃纳渐增，二便尚可。据述，拟前方出入。

竹沥半夏6g，杏仁6g，化橘红5g，旋覆花（包）6g，制天虫6g，浙贝6g，干地龙6g，前胡5g，炒苏子5g，炒淡芩2g，枇杷叶（去毛）6g，朴花5g。4剂。

病案二　郑某，男，9个月。

初诊：1987年2月11日。素体脾肺两虚，有痰喘病史。湿疹幼小至今时常外发。日前外感，鼻涕不多，喉间痰鸣，咳嗽不爽，夜间为甚，间有气逆，胃纳不思，大便粗糙气秽不成形，苔薄腻，指纹淡紫。拟清宣豁痰之法。

旋覆花（包）6g，杏仁6g，竹沥半夏6g，前胡5g，制天虫6g，浙贝6g，炒淡芩2g，地龙6g，化橘红5g，朴花5g，枇杷叶（去毛）6g，炒苏子4g。3剂。

复诊：服药后，咳嗽已少，气逆渐平，喉间痰鸣，皮肤湿疹外发，胃纳渐思，大便已成形，苔薄腻，指纹淡紫。拟前方出入。

制天虫6g，浙贝6g，竹沥半夏6g，炒苏子4g，化橘红5g，炒淡芩2g，炒桑叶6g，前胡5g，枇杷叶（去毛）6g，神曲6g，炒谷芽9g，蒸紫菀6g。3剂。

按语　病案一的患儿有哮喘病史，反复发作。时值夏末秋初，气候多变，由外感而引发。风热之邪，从口鼻而入，袭咽犯肺，而见咽痒痰滞不爽；触动伏痰，痰气交阻，则气喘不能平卧。故用桑菊、天虫、蝉衣、前胡、浙贝等疏散风热、宣肺化痰为主。3剂后，咳嗽减少，痰鸣气逆渐平。

病案二小儿有湿疹，俗称之为"奶癣"，多属脾虚痰湿之体。故在外邪诱发时，痰鸣症状突出。治疗重在豁痰平喘，以旋覆花，苏子等为主。后经长期服药，湿疹亦愈。

在这两个医案中，最妙的是处方中均为轻灵不伤脾肺之品。服后，不仅痰鸣气逆得解，而且，胃纳渐增，大便成形，祛邪而不伤正，此为医者当着眼之重点。

（李国荣）

小儿哮喘，治重脾肺——肺脾双补法防治小儿哮喘的研究（论文摘要）

中医历来重视脾肺肾三脏在哮喘发病中的作用。近几十年来，对补肾法的研究使成人哮喘理论体系更加完备，临床疗效明显提高。小儿哮喘重在何脏？目前众说不一，尚无定论。本文从体质角度出发研究小儿哮喘，首先调查了103例哮喘小儿体质状况，发现绝大多数为肺气素虚和素体脾肺两虚，而素体脾肺肾虚者少见。同时又发现，随着病程增长，病情加重，哮喘小儿体质有从肺—肺脾—肺脾肾虚的发展趋向，与成人哮喘以肾为主的研究结果相吻合。因而提出，在小儿期脾肺双补，扭转病势，是治疗哮喘的重要方法之一。

用以玉屏风散合六君子汤为主要成分的脾肺双补冲剂防治30例哮喘患儿，总有效率为90%，显控率为43.33%，与对照组相比，有非常显著意义（$P \leq 0.01$），提示本方可作为防治小儿哮喘的主方之一。

为探讨机理而进行的豚鼠过敏性支气管痉挛试验结果表明，该冲剂对豚鼠引喘潜伏期和发作程度都无明显的保护作用，提示该冲剂不是直接作用于气管、肥大细胞等靶细胞和器官而起作用。动物试验和临床资料表明，该冲剂不是即时平喘方。

试验检测了31例治疗组和对照组的血清总IgE和粉尘螨特异性IgE，结果表明，该冲剂能显著降低血清粉尘螨特异性IgE的含量。推测该冲剂是通过调整机体内环境，改善过敏体质，而起到防治哮喘复发的作用。

本文通过体质调查、临床治疗、机理探讨三方面的研究得出结论：小儿哮喘，重在脾肺。

（李国荣，指导：詹起荪）

二、余勤

余勤，詹起荪教授1989届硕士研究生。浙江中医药大学教授、博士研究生导师、主任中医师。曾任浙江中医药大学生命科学学院副院长。1978～1983年浙江中医学院中医系大学毕业；1986～1989年师从浙江中医学院詹起荪教授攻读中医儿科硕士研究生，获医学硕士学位。曾赴日本留学和作为客座研究员在日本进行科研和教学工作。余勤从事中医教学、临床和科研30多年，擅长小儿呼吸、消化系统等疾病的中医治疗，前来诊治的患者遍及省内外，如浙江、安徽、江西、上海、武汉、哈尔滨等省市，被评为"浙江省优秀教师""浙江省三八红旗手""浙江省新世纪151人才工程第二层次人员"等。余勤作为负责人主持完成了国家自然科学基金3项及国家中医药管理局、浙江省自然科学基金等科研项目20多项，获省级、厅级科技成果奖5项，授权国家发明专利1项，发表论文60余篇。

儿科专家詹起荪

詹起荪教授，浙江杭州人，1919年出生于幼科世家，家承医业，从事中医临床，教学50余年。詹老以严谨认真的科学态度，谙熟医理，技术精湛，学术造诣颇深，是省内外著名的儿科专家之一。

（一）秉承家学，献身幼科

詹老三世业医，曾祖父詹志飞，祖父詹起翔都是以中医儿科为专长，名噪杭城。父亲詹子翔自幼从父习岐黄，诊治疾病，疗效显著，颇其声誉，被称为杭城四大"国医"之一，丰乐桥詹氏医寓，求诊者接踵而至。詹起荪教授自幼耳濡目染，矢志以仁术济世。中学毕业后，就读于浙江省中医专门学校。在学期间，系统学习中医基础理论与临床各科，并随父侍诊抄方。由于他的勤学苦读及父亲的言传身教，在理论和实践上都得到了系统地长进，打下了坚实的基础。1940年独立悬壶行医，擅儿科。詹老医德高尚，医术高超，深得病家信赖。

1949年后，詹老又先后在杭州中医进修班、北京中医进修学校、南京中医学院全国教育研究班进一步深造，除中医学以外，还学习了西医及教育学方面的知识。1953年曾在浙江中医进修学校任教。1959年进入浙江中医学院工作。并历任浙江中医学院中基教研室主任、教务长、副院长、院学术委员会副主任，以及中华全国中医学会浙江分会理事、常务理事，中医儿科浙江分会主任委员，中国农工民主党浙江省委员会委员等职务。1963年光荣地加入了中国共产党。

（二）学术思想，独具风格

1. 重视小儿体质特点

基于小儿的体质特点，决定了小儿在病机诊治等方面存在着与成人不同的规律，这一学术观点，体现在詹老儿科临床中的各个方面。例如，根据明代医家万全提出的五脏有余不足的理论，詹老在细致辨证的基础上，常将患儿分为肺气素虚、素体脾虚、素体脾肺两虚、素体脾虚肝旺等几种体质类型，这不仅有助于认识病因病机，且可指导正确地治疗、选择用药和护理。如肺气素虚者每多外感、咳喘及天行时病，用药不可辛散太过，以防肺气更虚，护理方面则强调寒温的调摄，并嘱外感愈后再服些补肺固表之药以治本等。

詹老常谆谆教导后学，小儿脏腑娇嫩，形气未充，发病后易虚易实，易寒易热，变化多端，故用药必须及时、果敢、审慎，掌握有利时机，因势利导。对大辛、大热、大苦、大寒、有毒、攻伐、腻滞之药，必须慎用，需要用时，应注意中病即止，不可过剂。

2. 鼓舞、顾护脾胃之气

詹老之于临床，不忘脾胃之本，提出鼓舞、顾护脾胃之气。鼓舞者，因"脾具坤静之德而有乾健之运"，脾的功能主"动"，其运化功能主要依赖于脾气的作用；而小儿本身包括脾胃又处在不断发育健全的"动"态之中，故应注重其"动"的一方，鼓舞脾胃之气，使之生化有济。如治疗小儿厌食，詹老常用健脾醒胃扶运之法，强调一定要辅以疏通气机之品，如陈皮、川朴花、藿香、木香、枳壳、大腹皮等。治疗脾胃虚弱证或其他慢性虚弱病证，切忌呆补，亦应注意拨动胃气，斡旋脾机，以增强脾胃接受药物的能力，使药物充分发挥作用。顾护者，因小儿"脾常不足"，运化力弱，而生长发育所需的水谷精微相对较多，在这一矛盾中，詹老认为矛盾的主要方面在脾胃之气，若脾胃之气正常，则生机蓬勃。否则无论外感，内伤，均易致脾胃运化失职，诸病丛生，故还应注意其"不足"的一方，时时不忘顾护脾胃。"异功散""六君子汤""钱氏七味白术散""参苓白术散"等是詹老治疗小儿脾胃病的常用方。即或其他疾病的遣方用药，亦勿忘保护脾土。如苦寒滋腻重浊之药量宜轻，并加入健脾药防患于未然。詹老还善以五行法则为指导，运用培土诸法。如小儿哮喘，他认为肺脾不足、痰饮留伏是哮喘发生并致迁延不愈的病理关键，即在缓解期以补益脾肺、培土生金为治，多获良效。此外，詹老临床还十分强调饮食调摄，以顾护脾胃。针对目前许多独生子女饮食不节的状况，常告诫父母，脾胃毕竟不是器皿。水谷需经脾胃之腐熟运化，方能变为气血精微，而被吸收利用，如不顾小儿脾胃的承受能力而恣食，不仅水谷不化精微，反为痰饮浊邪，实为中肯之言。

3. 用药风格，清灵纯正

"清灵有法，纯正不呆"是詹老处方用药的又一特点。这是顺应小儿脏气清灵、随拨随应之特性，反映了因势利导，调偏候正的学术思想。也是詹老十几年临床实践的丰富经验。

詹老清灵纯正的用药特色，主要体现在以下几方面：①精炼不杂，詹老临床用药简炼，最多不越十一二味。他认为，儿科用药力求精炼，方专而药纯，否则药力分散，甚则相互抵销而影响药物疗效。对此，必须辨证准确，抓住重点。如小儿风热感冒可有咳嗽、呕吐、泄泻，甚则痰壅抽搐等症同时兼见，詹老常抓住其外感夹食滞的病机，治以疏宣运滞之法，药到病除。②平和纯正，詹老认为，小儿脏腑娇嫩，形气未充，用药不易，极易损伤脏腑功能，故用药应平和纯正，于稳妥之中求变化，于平和之中见神奇。他的处方脉案详实，理法方药明晰，配伍恰当，字迹工整，生熟炮制、先煎后下，一一说明。其严谨纯正之风，诚为吾辈后学之典范。③量轻味薄，詹老临床用药量轻，一般量为4～6g，重则9g，如黄芩、木香、枳壳、蝉衣、玉蝴蝶等仅用2g，若药量过重，则药过病所，克伐胃气，反而有害。另外，詹老用药还喜择质轻味薄之品，既不损伤正气，又能灵气机、醒脾胃，且煎成汤剂，苦味不甚，小儿易于接受。药如川朴花、荠菜花、扁豆衣、扁豆花等。④流通气机，詹老运用行气药，颇有心得，在使用疏表、豁痰、化湿、滋补等治法时，恰当配以芳香流通之品，以顺其脏腑之特性及生长发育之机。临床上常随不同疾病选用不同的行气药，如小儿外感咳嗽，常佐化橘红、炒枳壳、川朴花等，以使气道宣畅。治疗小儿泄泻，喜用煨木香、玉蝴蝶、陈皮等，以复升降出入之常。对脾虚湿蕴之证，则多选用藿香、佩兰、大腹皮、制香附等。

4. 古为今用，不断探索

詹老之学术思想，主要源于：①继承家学；②勤求古训，詹老对宋代钱乙《小儿药证直诀》、明代医家万全的学术思想、清代《医宗金鉴·幼科心法要诀》等几个医家和著作较为服膺，这对他学术思想地形成影响较大；③勇于实践，善于总结，不断创新。他认为，要重视研究经典，但不可瑕瑜不分，一味继承，应学无成见，唯善是从，得其所长，古为今用，有所发现，不断创新。

譬如小儿疑难杂症"癫痫"，詹老在博采历代各家经验的基础上，结合自身临床实际，经反复实践，自创"定痫豁痰汤"，药用：明天麻、钩藤、制天虫、地龙、陈胆星、当归、白芍、陈皮、茯苓、郁金。在近几年几十例患儿的观察中，显效率达90%。又如治疗小儿厌食，詹老在"藿朴夏苓汤"的基础上，根据自己的临床经验予以加减，创"脾虚夹湿型"厌食方，药用：川朴花、郁金、炒淡芩、炒白术、炒枳壳、大腹皮、藿香、姜半夏、茯苓、神曲，临床用之，效果显著。其他如对新生儿黄疸、婴儿湿疹、小儿泄泻、哮喘、血小板减少性紫癜、小儿疳证等疾病，都独创了自己的经验方。

詹老还鼓励自己的学生学习现代知识，以现代科学方法研究中医。在临床中，他也常把某些实验室指标结合到中医辨证中，并引用一些为现代药理研究所证明的有特殊药效的药物。

（三）培桃育李，孜孜不倦

詹起荪教授对中医教学与科研，倾注了大量心血。曾多次参加教材的编写工作，先后讲授过中医各家学说、医古文、中国医学史、中医诊断学、中医儿科学等多门课程，并曾担任本科生、研究生、主治医师提高班、儿科函刊授面授、外国留学生等多层次的教学工作。詹老年逾古稀，仍精力充沛，亲临教学第一线。詹老讲课引经据典，深入浅出，引人入胜，并联系临床，传授心得，令人叹服。去年，他被学生评为最受欢迎的老师。在谈及教学体会时，詹老说：第一，为人师表，要严于律己，一丝不苟地对待每一堂课，不管是新课还是旧课，提高班还是本科班，都要认真备课。第二，自己要有深厚的理论与实践功底，对讲课内容要反复钻研，全面理解，记熟要点重点，才能融会贯通，变书本知识为自己的东西。他还强调讲课脱稿，不照本宣科，以加强教学效果。在培养中青年教师及指导研究生中更是不辞辛劳，把自己几十年来积累的临床经验，毫无保留地传授给后学。

詹老在繁忙的教学，临床工作中，仍抽空著述。他曾编写并出版了《中医儿科手册》、撰写和发表了《婴幼儿腹泻的辨证论治》《麻疹证治》《小儿药证直诀》（评述）等多篇论文，他配合我院儿科电脑专题组研制成功的"詹起荪老中医小儿腹泻电脑诊治系统"，曾获省级优秀科技奖。

（四）医德高尚，有口皆碑

詹起荪教授不但医术高超，且医德高尚。他秉性正直，平易近人。对党的事业忠心耿耿，工作任劳任怨。虽年事已高，对有益的社会活动却从不推辞，对有关方面组织的各种义诊、医疗咨询工作总是有请必到。

由于詹老精湛的医术，全国各地前来求治者甚多。无论诊务多忙，他总是态度和蔼，详询病情，认真负责，从不草率从事。宁波患儿童某，病后多方医治不效，转至杭州，经某大医院确诊为"阻塞性黄疸"，告家长无法医治，劝其回家，在万般无奈之下，抱试试的心理来詹老处诊治。詹老既认真对待某医院的诊断，但又十分细致地询问了病史、证候，参考各种实验室检查数据，然后进行辨证遣方用药。患儿在他的精心医治下，经服20余剂后痊愈。家长感激万分，投书《浙江工人报》，以"孩子得救了!"为题向詹教授鸣谢。

詹老对待病人，总是一视同仁，想病人所想，急病人所急。为路远、体衰等的患儿加号延诊。对外地来函求诊者，均认真处理，一一作复。患者找到家里求治的，詹老总是热情接待，常常是搁下饭碗先给患儿诊治。詹老还对一味迎合病人心理、乱开补药、贵重药的不正医风深恶痛绝，他始终保持着简便廉验、讲求实效的医疗作风。

（余　勤）

引自：浙江中医学院学报，1989，13（4）

顺应儿情 轻清灵动——詹起荪教授用药经验介绍

詹起荪教授出身幼科世家，业医50余年。他广泛汲取前贤之长，又不拘于古人之见，在长期的临床实践中，形成了自己独特的理论见解及临证经验。其中，轻灵活泼为其处方遣药的突出风格之一，现简介如下。

（一）用药风格

詹老师轻清灵动的用药特点和风格，是基于对小儿生理、病理深刻认识的基础上的，总的体现在以下几方面。

（1）精炼不杂：詹老师认为，儿科用药力求精炼，方专而药纯，切忌繁复驳杂，泥沙俱下，否则药力分散，药效互相牵制而失其轻巧灵活之性，影响药物疗效。如《冯氏锦囊秘录》所说："病情虽多，而其源头只在一处，治其一，则百病消，治其余，则头绪愈多，益增百病，既疗其彼，又顾其此，本之不揣，药无精一，如看百家衣，徒为识者笑。"要做到此，必须仔细辨证，求病之本。例如小儿风热感冒可有咳嗽、呕吐、泄泻，甚则痰壅抽搐等症同时兼见，詹老师常抓住其外感夹食滞的病机，治以疏宣运滞之法，诸症悉平。又如治疗小儿外感咳嗽，詹老师不仅注意辨其寒热，又根据临床表现、病程久暂等将其区分为几个不同的病理阶段，并对各个阶段施以疏表、宣肺、清肺、肃肺、润肺等不同的治则，颇有讲究，强调应用枇杷叶、款冬花、紫菀、冬瓜子、沙参等肃肺、润肺之药，必须掌握好时机，不得用之太早，免有滞邪留痰，延长病程之弊。其用药精纯，可见一斑。

浙江中医临床名家·詹起荪

（2）用量轻微：詹老师临床用药量轻，一般量为4～6g，重则9g，如黄芩、木香、玉蝴蝶、枳壳、蝉衣之类，仅用2g。对泄泻婴儿更是嘱其要少量频服。因小儿稚阴稚阳，脾胃娇嫩，药量过重，不但易药过病所，亦犯胃气，脾胃受损，致胃不受药，于病不利。而轻剂可因势导邪不伐无辜，且可顾全胃气，有渐运苏复之功，无滞呆伤伐之弊，用量适宜，在于医者精通药性，詹老师认为黄芩用量过重则苦寒伤胃，其性变呆，而少量用之反有醒胃之功，当取其长而避其短。

（3）气味轻薄：詹老常选择质轻味薄之品，因其既不损伤正气，又能灵生机、醒脾胃。而重浊气味，易伐小儿方生之气，因此治疗时务力避药物性味之偏带来的弊端。如治疗外感病、解表之法虽已为临床所惯用，但他不主张以重剂解表发汗，麻黄、桂枝之类极少选用。即或表寒较著，也只用苏叶、荆芥等轻剂，唯恐汗泄过多，肺卫耗伤，致外感屡受，反复不愈。对风热感冒，亦因其轻而扬之，常用蝉衣、桑叶、甘菊、连翘壳、薄荷等气味俱薄性浮的"轻"药，不轻投苦寒退热之品，以免药过病所，遏邪于里。小儿泄泻是詹老师擅长治疗的疾病之一，他常常告诫我们，用药不可过于猛烈，补虚不宜呆滞，消导不宜太猛，清热不可过凉，渗湿应适可而止。用药喜择扁豆衣、扁豆花、荠菜花、玉蝴蝶等气味轻薄之品，体现了他处处重视顾及小儿生理、病理特点的学术思想。

（4）芳香流通：祖国医学认为，气是构成人体和维持人体生命活动的最基本物质。《难经·八难》曰："气者，人之根本也。"《灵枢·脉度》指出："气之不得无行也，如水之流，如日月之行不休，故阴脉荣其脏，阳脉荣其腑，如环之无端，莫知其纪，终而复始，其流溢之气，内溉脏腑，外濡腠理。"充分说明了气是一种不断运动着的具有很强活力的精微物质，气的动静在生命活动中具有重要作用。若气机升降失常，出入无序，则脏腑气血壅滞，诸病蜂起。小儿体属"纯阳"，生机勃蓬，活力充沛，正处在不断生长发育的"动"态之中，气机的调畅在小儿显得更为重要。詹老师用药正是注意适应了小儿这种"动"态，借助生机，调以清灵，行气之法运用十分广泛，认为气机畅达，其他方面的障碍便可减轻或消失。在运用疏表、豁痰、化湿、滋补等多种治法时，恰当配伍芳香流通气机之品，能使整个处方活泼灵动，以顺其脏腑之特性及生长发育之机，从而促进疗效的提高。临床上随不同病证选用不同的行气药。如小儿外感咳嗽，詹老师认为肺主一身之气，与气关系密切，痰随气运动，气滞则痰聚，气顺则痰除，故方中常佐化橘红、炒枳壳、川朴花等，以使气道宣畅，咳嗽松爽，痰逆得平而诸症渐缓。治疗小儿泄泻，喜用煨木香、玉蝴蝶、陈皮等轻清行气之品，以复升降出入之常。对脾虚湿蕴之证，则多选用藿香、佩兰、大腹皮、制香附等芳香流动之品，以鼓舞清阳，振动中气，恢复脾之健运，湿亦随之而化。在补虚之时，更是注意佐以斡旋疏通之品，以防呆滞。

以上几点可以看出，詹老师遣方用药轻清灵动而独具特色，临床不但疗效显著，且煎成汤剂后药汁清淡，苦味不甚，小儿易于接受，同时药价低廉，故深受病家欢迎。

（二）病案举例

病案一　沈某，男，6岁。

初诊：1987年10月14日。肺气素虚，平时汗多，近加新感，身热汗少，咽稍红，痰鸣咳嗽不爽，胃纳一般，二便尚可，苔中黄腻，脉弦数，拟清疏豁痰之法。

处方：连翘壳5g、蝉衣2g、制天虫6g、杏仁6g、焦栀皮6g、前胡6g、薄荷梗2g、浙贝6g、化橘红5g、炒淡芩2g、竹沥半夏6g、佩兰6g。3剂。

二诊：服药后，身热得汗已退。咽红渐减，痰鸣咳嗽稍缓，胃纳一般，大便溏薄不化，量多气秽，苔中黄腻渐化，脉弦细，拟前方出入。

竹沥半夏6g、浙贝6g、化橘红5g、炒桑叶9g、制天虫6g、茯苓9g、炒谷芽9g、焦曲6g、炒白术5g、炒枳壳2g、枇杷叶（去毛）6g、前胡5g。4剂。

三诊：痰鸣咳嗽渐缓，时感喉痒作咳，胃纳一般。大便渐成形、气秽，苔薄腻，脉弦细，拟前方出入。

炒桑叶9g、甘菊6g、制天虫6g、蝉衣2g、化橘红5g、浙贝6g、炒淡芩2g、前胡5g、玉蝴蝶2g、神曲6g、炒谷芽9g、姜半夏6g。3剂，服后告愈。

病案二　陈某，女，7岁。

初诊：1987年10月10日。湿蕴食滞不化，面色萎黄，形体较瘦，时有微热，胸闷，脘腹不舒，口淡无味，纳谷不香，大便气秽而干，溲黄，口不渴，苔根白腻，脉濡细，拟宣解化湿运滞之法。

处方：清水豆卷5g、佩兰9g、炒淡芩3g、陈皮5g、广郁金5g、神曲6g、大腹皮6g、楂炭6g、炒薏苡仁9g、玉蝴蝶2g、炒枳壳2g、川朴花5g。4剂。

复诊：服药后，微热渐减，胸闷、脘腹不舒略减，胃纳稍思，大便气秽，溲黄，苔薄白，脉濡细，拟前方出入。

广郁金5g、佩兰5g、炒淡芩2g、陈皮5g、大腹皮6g、神曲6g、炒谷芽9g、楂炭6g、陈蒿梗6g、朴花5g、玉蝴蝶2g、炒薏苡仁9g。7剂，药后诸症消失。

（余　勤，指导：詹起荪）

引自：浙江中医学院学报，1989，13（1）

生长灵治疗小儿疳证初期的临床研究

疳证是严重影响小儿生长发育的常见慢性病证，类似西医的小儿营养不良。近代学者按其病理演变及病情轻重，将疳证分为初、中、后三期。目前临床以初期患儿多见，早期治疗对本病的防治有积极意义，故以初期患儿作为研究对象。我们采用詹起荪教授的经验方生长灵治疗疳证初期患儿51例，通过前瞻性临床研究，获得了满意疗效。兹报告如下。

（一）资料与方法

1. 一般资料

疳证初期患儿108例，随机分为：①生长灵组51例中男32例，女19例；年龄≤1岁8例，1～3岁24例，3～7岁19例；病程≥半年35例，＜半年16例；体重较同龄正常儿均值低8%～15%者30例，低16～25%者21例。②硫酸锌对照组（以下简称硫酸锌组）37例中男23例，女14例；年龄≤1岁5例，1～3岁22例，3～7岁10例；病程≥半年26例，＜半年11例；体重较同龄正常儿均值低8%～15%者23例，低16%～25%者14例。③空白对照组（以下简称空白组）20例，男12例，女8例；年龄≤1岁3例，1～3岁11例，3～7岁6例；病程≥半年13例，＜半年7例；体重较同龄正常儿均值低8%～15%者14例，低16%～25%者6例。以上三组的性别、年龄、病程、病情，经统计学处理均具可比性。并均经临床检查排除了心、肺、肝、肾疾病及其他慢消耗性疾病。

正常健康儿选择条件：①生长发育达同龄正常儿标准。②排除胃肠疾病者（既往也无慢性腹泻等胃肠疾病）。③无心、肺、肝、肾疾病及其他慢性消耗疾病史。

2. 诊断标准

根据卫生部中医司1986年制定的中医儿科病证诊断疗效标准，并参考有关文献而制定：①有喂养不当、病后失调或长期消瘦病史。②胃纳不佳或食多便多，大便干稀不调等脾胃功能失调者。③形体消瘦，体重比同龄正常儿体重均值低8%～25%，腹部皮下脂肪在0.3～0.4cm，面色萎黄。④兼有精神不振或烦躁易怒或喜揉眉擦眼、吮指磨牙等精神及行为异常者。

3. 治疗方法

生长灵组：生长灵由党参、茯苓、白术、枳壳、藿香、神曲等药组成。每日1剂，水煎2次，≤1岁每次80ml，＞1岁每次150ml，上、下午各服1次。硫酸锌组：用0.2%硫酸锌糖浆（浙江省中医院制剂室制作），按每日1ml/kg，饭后分3次服用。空白组：不作任何处理，以排除小儿自然生长发育及有关因素对研究结果的影响。三组疗程均为2个月。疗效观察期间停一切相关药物及滋补品，对疳证知识的宣教、医嘱基本相同。

4. 观察指标及方法

观察指标及方法：①症状和体征：由专人负责观察并记录治疗前后饮食、大便、面色、精神状况及体重、身高、皮下脂肪等的变化。②血红蛋白：用沙利氏比色法测定。③尿中D-木糖排泄率：用金敬善介绍的方法测定。④血清胃泌素：用放射免疫测定法，药盒由北京原子能研究院同位素所提供。⑤血清锌：用原子吸收分光光度法检测，仪器为P-E Zeeman-5000型原子吸收火焰分光光度计。

（二）结果

（1）疗效标准：①显效：体重增加≥1kg，基本症状恢复正常（指食欲正常、食量达正常同龄儿水平，面色红润，大便调，精神状态恢复正常）；②好转：体重增加1kg或≥0.5kg，基本症状好转，或体重增加≥1kg，基本症状未能都恢复正常者；③无效：体重增加<0.5kg，基本症状未见改善。

（2）临床疗效：生长灵组51例显效31例（60.79%），好转15例（29.41%），无效5例（9.8%），总有效率为90.2%。硫酸锌组37例显效8例（21.62%），好转18例（48.65%），无效11例（29.73%），总有效率为70.27%。空白组20例无显效者，好转4例（20%），无效16例（80%），总有效率为20%。经Ridit检验，三组结果有显著性差异（$P<0.05$），说明生长灵组与硫酸锌组的疗效非因患儿自然生长发育所致，且生长灵组疗效优于硫酸锌组。

（3）治疗前后体重、身高、皮下脂肪的变化（表6-1）

表 6-1　三组治疗前后体重、身高、皮下脂肪的比较（$\bar{x}\pm s$）

组别	例数	体重（kg）		身高（cm）		皮下脂肪（cm）	
		治前	治后	治前	治后	治前	治后
生长灵	51	10.89±0.46	11.90±0.44*△	83.97±2.09	86.99±2.01*△	0.43±0.01	0.63±0.01*△
硫酸锌	37	10.72±0.46	11.25±0.45*	83.10±1.89	85.04±1.82*	0.42±0.01	0.54±0.001*
空白	20	11.02±0.59	11.38±0.55	83.22±3.21	84.17±2.39	0.42±0.01	0.48±0.02

注：与空白组比较 *$P<0.01$；与硫酸锌组比较 △$P<0.01$

表6-1所示，生长灵组与硫酸锌组体重、身高、皮下脂肪地增长都超过了空白组自然增长的水平（$P<0.01$），而生长灵组较硫酸锌组体重、身高、皮下脂肪的增长更为迅速（$P<0.01$）。

（4）治疗前后血红蛋白（g%）的变化：治疗前共检测50例，结果≥11g%6

例，＜11g%44例，按小儿缺铁性贫血诊断标准，提示本文观察的患儿多伴有贫血。生长灵组25例，治疗前为7.92±0.20（$\bar{x}$±s，下同），治疗后升高为10.78±0.19。硫酸锌组25例，治疗前为10.01±0.19，治疗后10.04±0.18，基本无变化，两组间差异非常显著（$P<0.01$）。说明生长灵有升高疳证初期患儿血红蛋白的作用。

（5）尿中D-木糖排泄率（%）测定结果：正常儿27例为41.03±2.39，疳证初期患儿25例为18.69±1.39，两组比较有非常显著性差异（$P<0.001$），说明疳证初期患儿小肠吸收功能减退。生长灵组14例，治疗前为19.11±2.00，治疗后升高为27.81±1.49。硫酸锌组11例，治疗前为18.16±2.06，治疗后17.20±2.94，反有下降趋势，两组间差异非常显著（$P<0.01$），提示生长灵有改善患儿小肠吸收功能的作用。

（6）血清胃泌素（pg/ml）测定结果：正常儿18例，为148.10±18.26，疳证初期儿26例，治疗前为90.12±8.67，患儿血清胃泌素水平较正常儿降低，两组差异有非常显著性意义（$P<0.01$）。生长灵组14例，治疗前为88.14±10.32，治疗后升高为122.29±13.04。硫酸锌组12例，治疗前为92.42±14.94，治疗后81.33±12.73反有下降趋势，两组间有显著性差异（$P<0.05$），说明生长灵有提高患儿血清胃泌素水平的作用。

（7）血清锌（ppm）测定结果：正常儿19例，为1.42±0.07，疳证初期儿30例，治疗前为0.99±0.05，患儿血清锌值较正常儿低，两组差异有非常显著性意义（$P<0.01$）。生长灵组和硫酸锌组治疗前后血清锌值的变化（表6-2）。

表6-2　两组治疗前后血清锌值（ppm）的变化（$\bar{x}$±s）

组别	例数	治前	治后	差值
生长灵	16	0.98±0.07	1.49±0.10	0.51±0.11*
硫酸锌	14	1.01±0.08	1.49±0.16	0.49±0.13**

注：治疗前后自身比较 *$P<0.01$，**$P>0.05$

由表6-2可知，治疗前后自身比较两组均有显著性差异，治疗后两组比较无显著性差异（$P>0.05$），说明两种药都有升高血清锌的作用。

（三）讨论

疳证初期的病因虽为多方面的，但从我们调查的资料看，目前大多因甘肥厚味、多食不节所致。生长灵以健脾益气为主，加芳香醒胃、流动气机之品，并佐运滞消食之品。本方消补兼施，补不呆滞，消不伤正，顾及了小儿生理病理特点，切合疳证初期脾虚失运，积滞内停的病机。其总有效率达90.2%，显效率60.79%，且研究中未发现有副作用，该研究为临床提供了治疗小儿疳证初期促进小儿生长发育的有效方剂。

尿中D-木糖排泄试验是反映小肠吸收功能的指标。胃泌素是一种很重要的胃肠道激素，对消化道的分泌、吸收、运动及代谢活动均有调节作用，并有全身性的促激素和促生长等生理功能，对机体营养代谢影响很大。本研究发现，患儿木糖排泄率、血清胃泌素低于正常儿，反映出胃肠道分泌、吸收等的障碍，提示其消化道机能处于低下状态，使营养物质消化吸收受到影响。生长灵治疗后这两项指标回升，与临床疗效相符。表明生长灵能调整和健全消化系统功能，促进机体对营养物质的消化、吸收、利用，这可能是其重要的作用机制之一。用硫酸锌治疗后，这两项指标均有下降趋势，其机理尚不清楚，有待进一步研究。

　　锌与小儿生长发育关系密切。研究发现，血锌水平直接与小儿营养不良的身体发育障碍显著相关，并采用补锌治疗，取得了较好疗效，提出在不测血锌的条件下，可对营养不良儿常规补充锌剂。本研究显示，疳证初期患儿血锌均值低于正常儿，用硫酸锌治疗虽有一定疗效，但生长灵显著优于硫酸锌（$P<0.05$）。硫酸锌组中还有2例出现恶心，1例出现皮疹，故有关硫酸锌的副作用还是个值得注意的问题。生长灵和硫酸锌都有提高血锌的作用（$P>0.05$），以1岁患儿为例，硫酸锌组每日补锌量达18mg，而1岁患儿每日所服生长灵（包括头煎、二煎）经测试含锌量为2mg，提示生长灵升高血锌并非主要靠方中所含微量的锌。由于锌主要在小肠内吸收，而生长灵能提高小肠吸收功能，故生长灵主要通过改善胃肠功能，促进小肠对锌地吸收，使患儿体内所需的锌从食物中自然得到补充。此外，生长灵组治疗后血红蛋白明显增高，而硫酸锌组基本无变化，两组差异非常显著（$P<0.01$）。据研究补锌可减少体内铁贮存量，对铁的吸收有拮抗作用，硫酸锌组的结果可能与此有关。生长灵同时可使血锌、血红蛋白升高，体现了中医药整体综合作用的优势。

（余　勤　詹起荪）

引自：中西医结合杂志，1990，10（5）

三、韦莉

　　韦莉，詹起荪教授1990届硕士研究生。1980～1985年浙江中医学院中医系大学毕业。1987～1990年师从浙江中医学院詹起荪教授，攻读中医儿科硕士研究生，获医学硕士学位。1992年，参加世界卫生组织实用康复医师培训一年。1990～1996年就职于浙江残疾儿童康复中心，主治医师，曾任康复科副主任，负责新建中心的康复科组建工作。现任罗氏公司旗下中外制药中国有限公司区域经理。

詹起荪教授治疗小儿厌食证经验

詹起荪教授系浙江省著名老中医，祖传儿科，擅长诊治小儿脾胃疾病，对小儿厌食证的论治，詹老辨证用药具有独到之处。学生有幸侍诊于旁，受益匪浅。今不揣浅陋，特将其经验介绍于下。

（一）辨证求因，不落俗套

厌食证是指小儿较长时期见食不贪，甚则拒食的一种病证。近年来，儿科时病骤减，而此证却日渐增多，特别是城市独生子女多见。关于厌食证的病机，一般认为不外乎脾失健运、脾胃气虚、胃阴不足。詹老经过长期临床观察和悉心揣摩，并不拘泥于常规之见，提出脾胃虚弱是本病发生的内在因素，脾虚挟湿则是厌食证患儿最常见的病机。先天脾禀薄弱，后天调护失宜，均可导致脾胃虚弱。且尤以后者为主要因素。小儿时期，"脾常不足"，运化力弱，加之生长发育迅速，对营养的需求量相对较多；且小儿饮食不知自节，若家长片面追求高营养或任儿所好，饮食偏嗜，日久势必损伤脾胃。脾主运化水谷精微，脾虚则不运，致水谷不得化为精微，输布全身；津液不能运化转输，湿从内生，聚而为患。此外，水湿停滞不化，易阻碍气机，则可更呆脾运；胃主受纳腐熟水谷，胃弱则不纳，不纳不运，遂难免发生厌食之证。

临床上常可见到厌食证患儿都具有以下症状：长期食欲不振，父母想方设法烹制各种美味佳肴，都引不起孩子的食欲，而孩子却偏偏嗜好酱菜、榨菜、醋等食物，平时还有胸闷善太息、脘腹不舒之症，舌苔经常白腻不化。若按常规单以运化、健脾或养胃，效果并不理想。詹老分析：这正是脾虚失运，湿滞气阻之故。《灵枢·脉度》云："脾气通于口，脾和则口能知五谷矣。"脾气失和，水湿不化故致饮食不振，食而无味，故患儿喜食酱菜等味觉较强的食物。脾虚水湿不化，易致气机不畅，故兼见胸闷腹胀，苔白腻等症。中医临床，当辨证求因，不必拘泥于常规之见。

（二）厌食、积、疳，当加鉴别

小儿厌食证是以较长时期见食不贪，甚则拒食为主证的。但临床上凡主诉见食不贪者并非皆为小儿厌食证。詹老临证之际，必详询厌食之状，结合四诊，鉴别他疾。尤其是与疳证、积滞相鉴别。詹老认为盖乳食积滞，为饱所伤，多由饮食失节形成，病程短，多实证，见有恶食、脘腹胀痛，嗳气酸腐，舌苔厚腻等乳食积滞于胃的症状。治以消导为主。疳者干也，有津液亏耗，气血不足，脏腑失养等证。病程较长，饮食方面或纳差，或食欲亢进、多食多便，或嗜食异物，然均见面黄发枯，形体羸瘦，性情烦急，常有他脏兼证。治疗重在补益扶正。厌食证病变主要在脾胃，尚未涉及他脏，少有积滞之象，亦无疳证之羸状，进食虽少而精神如常，腹虽胀满但平软，体型不丰尚未致形体羸瘦。治当健运脾胃以恢复脾运胃纳功能即可。三者在病机、主证、治疗方面均有明显区别。但厌食证日久不治或失治，损及他脏，也可发展成疳证，却又不可不知。

（三）健脾开胃，务当运脾

"脾主运化""脾健则运"，是脾正常生理功能之一。尽管导致小儿厌食证的原因较多，临床表现也不尽相同，但脾胃虚弱是本病发生的内在因素。故健脾胃为治疗本病的大法。詹老认为欲使脾健不在补贵在运。脾主运化，喜轻清流动之品。偏补则壅塞气机，峻消则易损脾伤正，以致更呆脾运。且小儿虽有"脾常不足"之特点，但生生之气旺盛，只要影响脾胃的因素消除了，脾胃的功能就会很快得到恢复。因而詹老选方用药多喜择轻清灵动、醒胃运脾、补而不腻、消不伤正之品。参苓白术散为其代表方，临床用之随证化裁，常获良效。临证之时一般分为以下二型施治。

（1）脾虚挟湿型：此型最为常见。症状：厌食，口淡无味，常嗜好酱瓜等食物，倦怠乏力，头昏胸闷，脘腹不舒，面黄形瘦，大便溏薄不化或气秽，苔薄腻或白腻，脉濡细。治以健脾扶运，化湿醒胃之法。仿参苓白术散意常用处方为炒白术5g，茯苓9g，炒薏苡仁9g，陈皮5g，川朴花5g，藿香5g，佩兰6g，炒枳壳2g，炒山楂肉6g，神曲6g，炒谷芽9g，炒淡芩2g。夹湿不宜用党参，选用白术、茯苓、薏苡仁健脾扶运，利水渗湿。詹老治疗该型厌食证多喜用些芳香的气分药：朴花、藿香、佩兰、陈皮、枳壳以行气化湿，悦脾开胃、鼓运脾胃之气。炒谷芽消食醒脾，《本草逢原》中云谷芽有"启脾进食，宽中消谷而能补中"之功，故詹老认为炒谷芽为治疗小儿厌食证的必用之药。

（2）脾胃气虚型：症可见厌食，精神软弱，面黄形瘦，大便溏薄不化，自汗，舌淡苔薄净，脉细弱。此型患儿脾虚程度比较重，平素易患感冒。治疗虽以益气健脾为主，仍不忘运脾。参苓白术散去砂仁、桔梗合三仙汤加减。诸药合用，使脾健能运，胃强能纳，后天化源充足而病转向愈。

詹老在带教中常告诫学生，治病必求其本，而辨证全在于认真、仔细，选方用药要灵活，既要有一定的法度，又不可拘泥于常规之见。这也是詹老治愈众多疑难杂证的独到之处。

（四）典型病例

俞某，男，6岁。

初诊：1989年2月14日。因患儿一向体质比较薄弱，其母片面追求高营养，日久至患儿脾虚湿蕴，健运失职，面色萎黄，形体较瘦，长期胃纳不思，虽四处求医，服用消导、补益之剂罔效。经人介绍，遂来求治于詹老。细审患儿，知其厌食较久，口淡无味，嗜好酱瓜，时感胸闷，脘腹不舒，大便成形，粗糙气秽，溲黄而浑，苔白腻，脉细，诊为厌食证（脾虚挟湿型），投以健脾化湿扶运之方。

处方：炒白术5g，陈皮5g，炒谷芽9g，神曲6g，焦楂炭6g，藿香5g，佩兰6g，川朴花5g，炒枳壳2g，制香附9g，广郁金5g，炒淡芩2克，7剂。药后胃纳稍思，胸闷脘腹不舒已除。再以前方去香附加炒薏苡仁9g，越旬胃口开，再旬而体重增，后其母告之，嗣后食欲一直正常，体质康健。

（韦 莉）

引自：浙江中医学院学报，1989，13（6）

开胃灵袋泡剂治疗小儿厌食证的临床研究——附90例临床资料分析

小儿厌食症作为一个独立病证，古籍中未见列有专章，其论述仅于脾胃病等章节中散见，且作为一种症状常混于疳证、积滞等疾病中。直至1985年中西医儿科教材方将厌食证纳入课本中进行专章讲述。

近年来，小儿厌食证发病率明显增高，且以城市儿童多见，对儿童生长发育、抗病能力及智力发展等均有较大影响，为医务界提出了新的课题。关于厌食证的发病机理，西医还无确切满意的结论，治疗一般采用对症处理或补锌疗法。补锌治疗虽取得了一定疗效，但就其对非低锌患儿的治疗及单纯补锌是否能被机体有效利用等方面，尚存在着许多问题。中医界根据祖国医学基本理论，辨证分型大致有脾运失健、脾胃气虚、胃阴不足、寒湿中阻、肝胃失和等类型，临床报道采用运脾法、疏调法、温中法、养胃法等法治疗，均取得了一定的效果。但从近几年发病率增高的小儿厌食证来说，尚值得进一步研究和探讨。

詹起荪教授对小儿厌食证的治疗有丰富的临床经验和独到的见解。他认为小儿厌食证以脾虚夹湿型最为常见，治疗当以健脾扶运，化湿醒胃为原则。本文应用其经验方，选择了有效成分含量高、挥发性成分不易丧失，含糖量少、生产工艺简单、携带服用方便的新型中药剂型——袋泡剂，制成中成药开胃灵，治疗厌食证患儿40

例，通过临床观察及实验研究，为厌食证治疗寻求一种较为理想的中成药。

（一）临床资料

1. 一般资料

从1989年5月至1990年4月，共观察厌食证患儿90例。其中65例分别来自浙江中医学院门诊部中医儿科、浙江省中医院儿科门诊，随机分成开胃灵组和小儿七星茶对照组；另25例来源于杭州市庆春幼儿园，列为空白对照组。

年龄	最小：12个月	最大：11岁半
性别	男：57人	女：33人
病程	最短：3个月	最长：7年，平均2年半

开胃灵组、七星茶对照组及空白对照组三组患儿在年龄、性别、病程、病情和辨证分型方面的比例，基本齐同，具有可比性（表6-3）。

表 6-3　三组临床资料齐同性分析

组别		开胃灵组 40 例		七星茶组 25 例		空白对照组 25 例		P 值
		例数	%	例数	%	例数	%	
性别	男	23	57.5	14	56	15	60	> 0.05
	女	17	42.5	11	44	10	40	
年龄（岁）	～3	10	25	4	16	5	20	> 0.05
	～6	17	42.5	12	48	10	40	
	～9	9	22.5	7	28	8	32	
	～12	4	10	2	8	2	8	
病程	≥半年	33	82.5	21	84	18	72	> 0.05
	<半年	7	17.5	4	16	7	28	
*病情	轻	17	42.5	12	48	13	52	> 0.05
	重	23	57.5	13	52	12	48	
辨证分型	脾失健运型	5	12.5	3	12	4	16	> 0.05
	脾胃气虚型	7	17.5	4	16	5	20	
	脾虚挟湿型	25	62.5	16	64	13	52	
	胃阴不足型	3	7.5	2	8	3	12	

*轻：一日食量比同龄、同性别正常小儿均值少 30% ～ 60%；重：一日食量比同龄、同性别正常小儿均值少 60% 以上

浙江中医临床名家·詹起荪

2. 主要病因调查

共调查108例厌食证患儿（包括18例未坚持治疗或未反馈治疗效果的病儿）（表6-4）。

表6-4　108例厌食证患儿主要病因调查

病因		例数	总例数	%
长期饮食失调	厚味生冷	43		
	食不定时	1	62	57.41
	偏食挑食	17		
	喂养不足	1		
体禀脾胃薄弱		27	27	25
多病久病失调	慢性腹泻	17	19	17.59
	其他疾病	2		

因长期饮食失调所致者62例，占调查病因总数的一半以上，提示饮食失调是形成本病的主要原因。其次是体禀脾胃薄弱者，此原因引起厌食证的患儿，经临床观察，大多从小胃口不大，身体素质差，容易感冒。临床上，由两个或两个以上因素引起厌食证者也不少见，只是主次不同而已。

3. 主要临床表现

见表6-5～表6-7。

表6-5　90例厌食证患儿临床症状观察结果

临床症状	例数	%	临床表现	例数	%
面色少华	81	90	腹胀不舒	51	56.7
口不干	79	87.8	外感易受	46	51.1
口淡乏味（爱吃酱菜等浓味食物）	74	82.2	平时汗多	31	34.4
			晨起口臭	30	33.3
大便不调	72	80	发黄不泽	26	28.9
形体偏瘦	69	76.7	恶心	21	23.3
肢倦乏力	60	66.7	口干	11	12.2
胸闷善叹气	53	58.9	手足心热	9	10
皮肤干燥	1	1.1	夜卧不宁	9	10

表 6-6　90 例厌食证患儿舌质、舌苔观察结果

	舌质			舌苔					
	淡红	偏红	淡	薄白	薄黄	薄腻	白腻	黄腻	花剥
例数	72	6	12	17	3	14	47	2	7

表 6-7　90 例厌食证患儿脉象、指纹观察结果

	指纹		脉象		
	淡紫	色淡	濡细	弦滑	细数
例数	25	9	41	12	3

舌象和脉象（指纹）是辨证分型的重要依据。调查发现：舌质多淡红或偏淡，舌苔多白或白腻，脉象以濡细最为常见，指纹淡紫或淡，结合其他临床表现，提示厌食证以脾虚挟湿型居多。少数患儿舌偏红，苔花剥，有胃阴不足征象。

（二）诊断标准

根据卫生部中医司1986年制定的《中医儿科病证诊断、疗效标准》中"厌食证的诊断、疗效标准"，并结合有关文献而制订：

（1）以长期食欲不振为主症，一日食量较正常同龄、同性别小儿减少30%以上；

（2）可有面色少华、形体偏瘦等症，但精神尚好，无腹胀；

（3）食欲不振时间至少在两个月以上；

（4）排除因各种疾病、药物引起的食欲低下。

（三）中医辨证分型

（1）脾失健运型：面色少华，不思纳食，或食物无味，拒进饮食，形体偏瘦，大、小便均基本正常，舌苔白或薄腻，脉尚有力。

（2）脾胃气虚型：面色萎黄，厌食，甚则拒食，若稍进饮食，大便中夹有不消化残渣，或大便不成形，容易出汗，舌苔薄净或薄白，脉无力。

（3）胃阴不足型：口干多饮而不喜进食，皮肤干燥，缺乏润泽，大便多干结，舌苔花剥或光红不津，舌质偏红，脉细。

（4）脾虚挟湿型：面色不华或萎黄，形体偏瘦，不思纳食，甚则拒食，口淡乏味，喜吃酱瓜、榨菜等浓味食物，脘腹作胀不舒，时有叹气，肢倦乏力，大便粗糙不化，气秽，或食后即便，苔白腻，脉濡细。

注：第（1）、（2）、（3）型参考1985年版的《中医儿科学》中厌食证分型。

根据本文观点补充第（4）型。

本文90例厌食证患儿中，脾虚挟湿型54例（占60%），脾胃气虚型16例（占17.8%），脾失健运型12例（占13.3%），胃阴不足型8例（占8.9%）（见表6-3）。

（四）治疗方法

1. 开胃灵组

主要药物组成：炒白术8.3%，陈皮8.3%，藿香8.3%，佩兰10%，川朴花8.3%，炒枳壳3.3%，炒薏苡仁15%，炒谷芽15%，神曲10%，炒山楂肉10%，炒淡芩3.3%。

功能：健脾扶运，化湿醒胃。

开胃灵袋泡剂制备方法：将方中炒白术、藿香、佩兰、陈皮、川朴花、炒枳壳6味药（均含挥发油）于80℃左右烘干至恒重后打成粉末状（20～30目细度）；将方中炒薏苡仁、炒谷芽、神曲、炒山楂、炒淡芩5味药浓煎后，制成干浸膏，喷在上述粉末上，混匀，分装于滤纸袋中（9g/袋），即可服用。

制备开胃灵所需中药材均购于杭州红星药店，经浙江省中医院制剂室鉴定后制剂，由杭州茶厂装袋封口。

服法：将药袋投入保温杯中，加入适量开水，浸泡5～10分钟后，即可取汁服用。3岁以下小儿：每日2次，每次1袋；3岁以上小儿每日3次，每次1袋。

2. 小儿七星茶组

统一采用广州羊城药厂生产的"小儿七星茶"颗粒冲服剂（7g/瓶）。

主要药物组成：生薏苡仁25.8%，谷芽25.8%，山楂12.9%，淡竹叶19.4%，钩藤9.7%，蝉蜕3.2%，甘草3.2%。

功能：健脾扶运、定惊。临床多用于小儿厌食证治疗。

服法：3岁以下，一日2次，半瓶/次；3岁以上，一日2次，1瓶/次。开水冲服（按说明书）。

3. 空白对照组

不施加任何处理，以排除小儿自然生长发育对本研究结果的影响。

以上三组疗程均为四周，疗效观察期间嘱停一切相关药物及滋补品。

（五）主要观察指标及方法

1. 临床症状和体征

主要观察饮食、面色、腹痛、大便及体重、身高等变化情况。由专人负责并及时记录在统一制定的表格中。

测体重、身高统一用无锡市衡器厂生产的儿童磅秤（3岁以下小儿身高量卧位长），按常规方法进行。

2. 唾液淀粉酶活性测定

唾液淀粉酶活性测定采用温氏法（winslow法）。受试者以晚10小时后禁食、水，要刷牙和漱口。翌日早晨不刷牙或漱口，让患儿直接将唾液吐入小瓶中，2ml左右。即置于4℃冰箱中保存，两天内测定。

3. 尿D-木糖排泄率

采用Sammons改良法测定。受试者于晚10时后禁食，至翌日清晨先排尿，然后将溶于200ml温开水中的1g D-木糖（在1/10000分析天平上称量）空腹服下。仍禁食。随即留2小时内全部尿。测总量后，取尿样30ml左右，加数滴6N盐酸防腐，置于冰箱中保存，半个月内测定。

以上实验室检测工作均由浙江省第一医院消化实验室专人负责。

（六）疗效标准

（1）显效：食欲明显改善，一日食量增加一倍上，3岁及3岁以下小儿体重增加≥1kg；3岁以上小儿体重增加≥0.5kg，其他症状基本消失；

（2）好转：食欲改善，一日食量增加0.5倍以上，3岁及3岁以下小儿体重增加≥0.5kg，3岁以上小儿体重增加≥0.25kg，其他症状减轻；

（3）无效：治疗后食欲及主食量无明显改善。体重增加<0.25kg。

（七）观察结果

1. 临床疗效总结和分析

开胃灵总有效率为92.5%，显效率为52.5%；七星茶总有效率为60%，显效率为16%；空白对照组总有效率为8%，显效率为0%（表6-8）。经Ridit检验，三组有显著性差异（$P<0.05$），且疗效等级由低至高排列时，$\bar{R}_治<\bar{R}_对<\bar{R}_空$。说明开胃灵组与七星茶组疗效非因患儿自然生长发展因素所致。且开胃灵组疗效优于七星茶组。见表6-8。

表 6-8　三组临床疗效比较

分组	例数	显效		好转		无效		总有效率 %
		例数	%	例数	%	例数	%	
开胃灵组	40	21	52.5	16	40	3	7.5	92.5
七星茶组	25	4	16	11	44	10	40	60
空白对照组	25	0	0	2	8	23	82	8

2. 辨证分型与疗效关系分析（表6-9）

表6-9 开胃灵组辨证分型与疗效关系

分组	例数	显效		好转		无效		总有效率%
		例数	%	例数	%	例数	%	
脾失健运型	5	1	2.5	4	10	0	0	12.5
脾胃气虚型	7	3	7.5	4	10	0	0	17.5
胃阴不足型	3	0	0	0	0	3	7.5	0
脾虚挟湿型	25	17	42.5	8	20	0	0	62.5

由上表可见，脾虚挟湿型总有有效率最高，占62.5%，显效率为42.5%；胃阴不足型总有效率为0%。经Ridit检验，四组有显著性差异（$P<0.05$）。说明开胃灵对脾虚挟湿型厌食证疗效最好，对脾失健运型和脾胃气虚型亦有效，对胃阴不足型疗效最差。

3. 治疗前后食量变化

结果：开胃灵组、七星茶组治疗前后自身比较，食量变化有显著性差异。治疗后三组经方差分析有非常显著性差异（$P<0.01$），说明开胃灵组与七星茶组一日食量的增加都超过了空白对照组（$P<0.01$），而开胃灵组较七星茶组一日食量的增加更为明显（$P<0.01$）（表6-10）。

表6-10 三组治疗前后食量（两）增加的比较

组别	例数	治疗前$\bar{x}\pm s\bar{x}$	治疗后$\bar{x}\pm s\bar{x}$	差值$\bar{x}\pm s\bar{x}$
开胃灵组	40	1.37±0.699	2.62±0.194	1.27±0.665
七星茶组	25	1.52±0.149	2.17±0.195	0.66±0.101
空白对照组	25	1.75±0.138	1.76±0.087	0.12±0.031

治疗前三组比较，$P>0.05$；开胃灵组、七星茶组治疗前后自身比较，$P<0.01$；空白组治疗前后自身比较，$P>0.05$；开胃灵组与七星茶组分别与空白对照组比较，$P<0.05$；治疗后开胃灵组与七星茶组比较，$P<0.05$。

4. 治疗前后体重的变化

结果：三组治疗前后自身比较，体重变化均有显著性差异（$P<0.05$）。治疗后三组经方差分析有显著性差异（$P<0.05$），说明开胃灵组与七星茶组体重的增长率均超过了空白对照组，而开胃灵组较七星茶组增重的效果更佳（$P<0.05$），见表6-11。

表 6-11　三组治疗前后体重（kg）的比较

组别	例数	治疗前$\bar{x}\pm s\bar{x}$	治疗后$\bar{x}\pm s\bar{x}$	差值$\bar{x}\pm s\bar{x}$
开胃灵组	40	17.48±0.735	18.13±0.736	0.69±0.357
七星茶组	25	16.66±0.892	16.8±0.893	0.27±0.063
空白对照组	25	17.96±0.621	16.0±0.607	0.13±0.031

　　治疗前三组比较，$P>0.05$；三组治疗前后自身比较，$P<0.05$；开胃灵组和七星茶组分别与空白对照组比较，$P<0.05$，治疗后开胃灵组与七星茶组比较，$P<0.05$。

5. 治疗前后身高增长的比较

　　结果：三组治疗前后自身比较，身高增长均有显著性差异（$P<0.05$）。三组治疗后经方差分析有非常显著性差异（$P<0.01$），说明开胃灵组与七星茶组身高的增长都超过了空白对照组自然增长的水平（$P<0.01$），而开胃灵组较七星茶组身高的增长更为迅速（$P<0.05$）（表6-12）。

表 6-12　三组治疗前后身高（cm）增长的比较

组别	例数	治疗前$\bar{x}\pm s\bar{x}$	治疗后$\bar{x}\pm s\bar{x}$	差值$\bar{x}\pm s\bar{x}$
开胃灵组	40	107.19±2.492	108.24±2.447	1.04±0.125
七星茶组	25	104.85±3.079	105.34±3.072	0.51±0.091
空白对照组	25	106.87±2.67	107.26±2.633	0.35±0.084

　　治疗前三组比较，$P>0.05$；三组治疗前后自身比较，$P<0.05$；治疗后开胃灵组、七星茶组分别与空白对照组比较，$P<0.01$，开胃灵组与七星茶组比较，$P<0.01$。

6. 治疗前后唾液淀粉酶活性的变化

　　（1）正常儿童与厌食证患儿唾液淀粉酶活性的比较（表6-13）。

　　正常儿童选择条件（尿D-木糖排泄率测定同此）：①生长发育达到同龄、同性别正常小儿体格发育标准；②排除胃肠道疾病者（既往也无慢性腹泻等胃肠疾病）；③无心、肺、肝、肾等系统的急、慢性疾病者。

表 6-13　正常儿童与厌食证患儿唾液淀粉酶活性的比较

组别	例数	$\bar{x}\pm s\bar{x}$	t	P
正常儿童	30	960±321.137	3.687	<0.01
厌食证患儿	30	520±147.368		

　　结果：正常儿童与厌食证患儿唾液淀粉酶活性有非常显著性差异（$P<0.01$）。说明厌食证患儿消化功能减退。

（2）开胃灵组与七星茶组治疗前后唾液淀粉酶活性的变化（表6-14）

表 6-14 开胃灵组与七星茶组治疗前后唾液淀粉酶活性的比较

组别	治疗前 $\bar{x} \pm s\bar{x}$	治疗后 $\bar{x} \pm s\bar{x}$
开胃灵组	510±159.468（17）	675±136.043（17）
七星茶组	560±179.613（13）	620±142.341（13）
P值	>0.05	<0.05

开胃灵组治疗前后比较，$P<0.05$；七星茶组治疗前后比较，$P>0.05$。括号内数字为例数。

结果：治疗后开胃灵组唾液淀粉酶活性增高，而七星茶组增高不明显，经统计学处理，前者增高有显著性差异。说明开胃灵对改善小儿消化功能有一定作用，且优于七星茶组。

7. 治疗前后尿D-木糖排泄率的变化

（1）正常儿童与厌食证患儿尿D-木糖排泄率的比较（表6-15）

表 6-15 正常儿童与厌食证患儿尿 D- 木糖排泄率（%）的比较

组别	例数	$\bar{x} \pm s\bar{x}$	t	P
正常儿童	28	44.82±2.981	2.172	< 0.05
厌食证患儿	52	23.91±1.229		

结果：正常儿童与厌食证患儿尿D-木糖排泄率有显著性差异（$P<0.05$），说明厌食证患儿小肠吸收功能减退。

（2）开胃灵组与七星茶组治疗前后D-木糖排泄率的变化（表6-16）

表 6-16 开胃灵组与七星茶组治疗前后 D- 木糖排泄率的变化

组别	治疗前 $\bar{x} \pm s\bar{x}$	治疗后 $\bar{x} \pm s\bar{x}$
开胃灵组	23.47±1.506（29）	28.86±0.186（29）
七星茶组	23.91±1.651（18）	25.63±1.412（18）
P值	P > 0.05	P < 0.01

开胃灵组治疗前后比较，$P<0.05$；七星茶组治疗前后比较，$P>0.05$。括号内数字为例数。

结果：治疗后开胃灵组尿D-木糖排泄率增高，而七星茶组增高不明显，经统计学处理，前者增高有显著性差异，后者增高无显著性差异。说明开胃灵对改善厌食证

浙江中医临床名家·詹起荪

患儿小肠吸收功能有一定作用，且优于七星茶组。

（八）讨论

1. 开胃灵袋泡剂治疗厌食证的理论探讨

祖国医学认为小儿时期脏腑娇嫩、形气未充，正处于生长发育阶段，具有对水谷精微需求量大而脾胃功能尚未健全的矛盾，易为饮食所伤而罹患脾胃方面疾病。明代万全《幼科发挥》中曰："脾常不足，此却是本脏之气也……肠胃脆薄，谷气未充，此脾所以不足也。"《育婴家秘》中又言："儿之初生，脾薄而弱，乳食易伤，故曰脾常不足也。"这均造成了小儿脾常不足的生理、病理特点，也是小儿易患厌食证等脾胃病的内在因素。

本文调查资料提示：引起厌食证的原因主要有长期饮食失调、体禀脾胃薄弱、多病久病失调三大方面，而以长期饮食失调者最为常见，占57.4%左右。这主要由于近年来生活条件明显改善，独生子女家庭增多，有些家长片面追求高营养，长期喂养不当以致脾胃功能日渐受损而发病。脾司运化，胃主受纳，二气平调，则谷化而能食。南宋刘昉《幼幼新书》中："脾脏也、胃腑也。脾胃二气合为表里，胃受谷而脾磨之，二气平调，则谷化而能食。"即言此意。故引起厌食证的原因虽各有不同，也主要影响脾胃功能，使脾胃虚弱而发病。

脾主运化功能主要包括运化水谷和运化水湿两个方面。胃的受纳、腐熟作用必须依赖脾的运化作用方能将水谷化为精微、输布全身。如今脾胃功能受损而致运化失司，水谷不化，精微不布，则易发生谷反为滞，水反为湿，气机受阻，胃纳呆滞的病理机制。再结合厌食证的临床表现，大部分患儿除有食欲不振、面黄形瘦、大便失调等脾虚症状外，不少患儿还可出现口淡乏味、胸闷善叹气、腹胀不舒、肢倦乏力、苔白腻等湿阻气滞的症状（表6-5、表6-6）。故本文认为有必要强调脾虚夹湿的病理机制在厌食证发病过程中的重要地位。这对确立治疗原则和遣方用药有着指导性的意义。

此外，脾主味功能失常，亦与厌食证发病有关。脾经连舌本、散舌下，与口腔味觉正与否关系密切。《素问·灵兰秘典论》中："脾胃者仓廪之官，五味出焉。"以及李杲《脾胃论》中："夫脾者，行胃津液、磨胃中之谷，主五味也。"以上论断均说明了脾与口腔味觉的密切关系。《灵枢·脉度》又云："脾气通于口，脾和则能知五谷矣。"如今脾气失和，口不知五味，势必影响小儿食欲。故临床上可见厌食患儿有口淡乏味，喜吃酱瓜、榨菜等浓味食物的症状（表6-5）。

综上所述，从厌食证病因、脾胃生理、临床表现各方面说明了脾虚夹湿是厌食证发病的主要病理机制。针对这一基本病机，我们采用健脾扶运、化湿醒胃的方法治疗厌食证，取得了满意效果，有效率达92.5%，显效率为52.5%。并由表6-9可见，开胃灵对脾虚夹湿型疗效最好，对脾失健运型和脾胃气虚型亦有效，而胃阴不足型则疗效最差。

2. 开胃灵袋泡剂治疗厌食证的作用分析

（1）开胃灵的组方意义及治疗效应。开胃灵是詹起荪教授多年临床治疗小儿厌食证的经验结晶。全方由炒白术、炒薏苡仁、炒谷芽、神曲、炒山楂、陈皮、川朴花、枳壳、藿香、佩兰、炒淡芩11味药组成。方中以炒白术益气补脾燥湿为主药，辅以少量枳壳宽中理气，意同《脾胃论》中枳术丸，乃补重于消，寓消于补之意，且二药合用，一升一降，使脾胃之气调和而恢复脾运胃纳功能；陈皮、川朴花作用平和，健脾理气化湿以增强上二味作用；藿香、佩兰为芳香化湿之要药，醒胃悦脾而鼓动脾胃气，以上六味药均含挥发油，据现代药理研究表明：这些药中的挥发油具有刺激胃肠运动的作用，可促进胃液分泌而有助食物的消化，其醒脾功能很可能与含有挥发油有关。薏苡仁炒用，重在健脾而渗湿，加强白术补脾燥湿作用。前已述及小儿具有"脾常不足"，易为饮食所伤的生理、病理特点，故方中用炒谷芽消食和中、健脾开胃，《本草逢原》中言谷芽具有"启脾进食、宽中消谷，而能补中"之功；神曲、山楂消食健胃，意在使食而能化，胃纳渐增；药理研究表明：这二味消食药本身富含淀粉酶有助于食物消化，山楂含有解脂酶，可促进脂肪类食物消化。方中再配以少量苦味之黄芩健胃燥湿而增加食欲。诸药合用，补其虚，调其气，除其湿，行其滞，调和脾胃而恰中病机。从药理学角度看，本方具有促进机体消化、吸收功能而增加食欲的作用。

本文应用开胃灵袋泡剂治疗厌食证40例，疗效显著。治疗后不仅主要症状消除或改善，食量增加明显，且体重、身高增长较快，与空白对照组、七星茶对照组比较，均有显著性差异（表6-10～表6-12）。说明开胃灵的疗效非因患儿自然生长发育所致，且开胃灵疗效优于七星茶。

（2）实验探讨开胃灵作用机理。前已述及引起厌食证的三大原因均可导致脾胃功能受损（脾虚）而发病。而现代研究认为脾虚运化失职是以消化系统地消化、吸收、运动障碍为主的全身性调节和营养代谢失调所致的一种疾病状态。在临床实践中，我们也观察到厌食证患儿大都具有消化、吸收功能异常征象。故推想开胃灵服用后，患儿食欲明显改善，体重、身高增加显著是否与调整机体消化、吸收功能密切相关。同时考虑到唾液、尿液取材方便，对患儿造成的痛苦少，故选择了能反映消化系统消化、吸收功能的唾液淀粉酶活性及尿D-木糖排泄率测定的实验室指标，来探讨开胃灵作用的部分机制。至于开胃灵对脾虚夹湿型厌食证疗效特别显著的机理,目前尚无客观指标可以说明,有待今后深入探讨。

唾液淀粉酶是一种消化酶,由腮腺分泌。腮腺在食物地消化过程中虽然不起主要作用,但由于它与胰腺之间在功能上相关,也部分反映了机体的消化功能状态。通过唾液淀粉酶活性地测定可一定程度地观察体内消化功能的变化情况。

尿D-木糖排泄试验是一项反映小肠吸收功能的指标。D-木糖是五碳糖,口服后在小肠上段吸收,不需要胰脾的参与;吸收后输送至肝脏,并不被分解、利用,然后经肾脏排出,亦不起变化,很少受体内代谢因素影响。因此口服一定量的木糖,在规定时间内测定尿中木糖的排出量,就可了解小肠的吸收功能。

由表6-13、表6-15可知,厌食证患儿唾液淀粉酶活性、尿D-木糖排泄率均低于正常儿,反映出患儿消化、吸收功能均处于低下状态,食物地消化、营养物质地吸收受到影响而食欲减退。用开胃灵治疗后,唾液淀粉酶活性增高,尿D-木糖排泄率上升,表明机体地消化、吸收功能有所改善。这与开胃灵组食欲增进,身高、体重增长较快的临床疗效是符合的,故可认为开胃灵有调整和健全消化系统功能,促进机体对营养物质地吸收和利用,从而恢复脾运胃纳功能,达到治疗的目的。小儿七星茶治疗后,唾液淀粉酶活性、尿D-木糖排泄率虽也有增加,但不如开胃灵组,这可能与其虽有改善消化、吸收功能的疗效,但效力不高有关。

3. 袋泡剂的应用对儿科中药剂型改良地影响

袋泡剂(又称泡袋剂)是近年来开发研究的一种中药新剂型。它将处方中药材粉碎成粉末,用粉末或制成颗粒,按一定量分装于滤纸袋中,服用时将其浸泡在开水中5~10分钟(最好用保温杯),饮汁即可。服用和携带均十分方便。袋泡剂生产工艺十分简单,加工过程中不需酒精及高温蒸发处理,也不必加糖。对于那些含有挥发性成分的药物,采用袋泡剂,其有效成分含量无疑会高于煎剂等剂型。

近几年有一些药学工作者对袋泡剂的质量作了对比研究工作,结果从不同角度表明了袋泡剂的优越性。有关研究资料认为药材的粉碎度越高,其表面积越大,则溶出速率就越高;同时随着粉碎程度地增高,细胞被破碎的机会增大,细胞内容物和水直接接触而溶解,亦可使浸出量增加。上海中药研究所曾经做试验比较了麻黄汤等四种袋泡剂与煎剂的质量,观察了水溶性浸出物、醇溶性浸出物、药液pH、药液中指标成分含量测定数据地变化,结果表明袋泡剂的各项指标均优于或相当于煎剂。实验还对袋泡剂的溶出速率、菌检进行了研究,结果也体现了袋泡剂剂型的优越性。

我们也曾在实验室将开胃灵袋泡剂与同样组方的汤剂作了齐同性对比工作,结果发现:①开胃灵袋泡剂的第1分钟溶出率最高,5分钟时其色度与等量汤剂几乎一样深。②水溶性浸出物略高于汤剂（采用减重法测定）。浙江省药品检验所曾帮助我们测定了开胃灵袋泡剂及同样组方的汤剂中挥发油含量，结果：汤剂中挥发油含量为0.058ml/100g（生药），而开胃灵含量0.113ml/100g（生药），明显高于汤剂，是其1.9倍。提示开胃灵袋泡剂与汤剂相比，有其一定的优越性。

袋泡剂用于儿科领域，尚未见有报道，用于厌食证的治疗，此可谓首例。它与目前临床使用较为广泛的糖浆、冲剂、膏剂等剂型相比，最大的优点就是制备过程中不需加糖和高温处理。小儿常见肺和脾胃方面的疾病，而肺和脾胃方面的疾病多夹痰、夹湿、夹滞，中医理论认为应忌甘甜之品。故袋泡剂的应用可避免糖浆、冲剂等过甜的缺陷，而更切合中医理论，较大程度地保持原方药的效力。是一种很值得在儿科领域推广应用的新型制剂。

（九）结语

（1）本文通过108例厌食证患儿的病因调查，认为长期饮食失调是厌食证形成的重要原因；并从脾胃生理、病理特点，结合厌食证的临床表现，说明脾虚夹湿是厌食证的主要病理基础，提出健脾扶运、化湿醒胃的治疗原则。

（2）本文通过对90例厌食证患儿临床资料的分析和总结，发现开胃灵袋泡剂治疗小儿厌食证具有显著疗效，总有效率为92.5%，显效率为52.5%，具有临床推广意义。

（3）实验研究发现，开胃灵具有促进机体消化、吸收功能的作用，为开胃灵袋泡剂的临床应用及机制探讨提供了一定的依据。

（4）袋泡剂具有生产工艺简单、携带服用方便、有效成分含量高、不含糖等特点，值得在儿科领域推广应用。但今后若能设法在袋泡剂中适当加些非糖矫味剂，将更适宜小儿服用。

（5）本文对胃阴不足型厌食证未多涉及，有待今后继续探讨。

（韦 莉 指导：詹起荪）

四、沈志强

沈志强，詹起荪教授1991届硕士研究生。浙江省青春医院副主任中医师、副调研员。1978~1983年在浙江中医学院中医系读大学，毕业后在杭州市中医院从事儿科临床工作，定期开设小儿推拿专科门诊。1988年考入浙江中医学院师从儿科名医詹起荪教授。1991年硕士研究生毕业后就职于浙江省青春医院，先从事临床二十多年，后从事医疗管理工作。目前任杭州市中医药协会中医儿科专业委员会委员。发表论文有《小儿健脾扶运糖浆对饮食失节复制脾虚动物模型的治疗观察》《健脾扶运汤治疗小儿脾虚泄泻的作用探讨》《健脾扶运汤的"健脾"作用研究》《从肺脾肾论治小儿急性肾炎66例》《腹背部推拿治疗婴幼儿腹泻》等。比较擅长小儿脾胃、肺系疾病等的中医中药诊治，也是杭州市80年代最早开展推广小儿推拿的医生之一。

小儿健脾扶运糖浆对饮食失节复制脾虚动物模型的治疗观察

现代医学研究中，复制动物模型已成为相当重要的手段之一。近几十年来根据中医理论，摸索探讨了一些新的中医动物模型，其中有关脾虚模型的研制论文目前已达60余篇，约占中医模型文献的1/3，脾虚造模方法也达8种之多。本次实验根据当前儿科临床的特点，选用饮食失节、过食肥甘法复制脾虚模型，目的在于进一步探索模型，并着重观察根据儿科名老中医詹起荪教授经验方研制的中成药——小儿健脾扶运糖浆对此模型及小肠推进运动的影响。

（一）材料与方法

（1）动物：采用浙江医科大学动物实验中心提供的NIH系健康小白鼠，雄性，体重18～22g，随机分组。

（2）药物：①造型组采用精炼猪脂造模。②试药组药物由炒党参5g，炒白术5g，苍术3克，藿香5g，川朴3g，煨木香2g，陈皮5g，茯苓9g，炒薏苡仁9g，神曲6g，焦山楂炭6g，炒谷麦芽（各）6g组成，由杭州市中医医院中药制剂室制成浓缩糖浆，每0.4ml约含生药1g。③另取参苓白术丸（安徽安庆市第一制药厂出品），加水煮沸二次，纱布过滤，取上清液浓缩制成20%丸煎剂，供观察小肠推进运动时用。

（3）方法：①空白对照组喂饲本院动物房制成的硬饲料，并每日灌胃等量水，直至实验结束；造型组除饲喂硬饲料和适量卷心菜外，每次灌胃精炼猪脂0.5ml/只，每日一次，连续造型八天。第九天起将造型组随机分为二组，一组给药治疗，每次灌胃小儿健脾扶运糖浆0.4ml/只，每日一次；另一组令其自然恢复，每日灌胃等量水。每天在灌胃前测体重，在造型前后和实验结束前测体温，并随时观察泄泻、纳呆、形瘦、行动迟缓、被毛散乱竖起等情况变化。②参照炭末法，另将健康小白鼠禁食24小时，自由饮水，随机分为五组。空白对照组灌胃等量水；小儿健脾扶运糖浆组（试药组）灌胃该药0.4ml/只，并予2倍量、4倍量观察；参苓白术散组灌胃上述20%丸煎剂0.4ml/只，各于灌药后20分钟时，再灌胃墨汁0.4ml/只，然后分别再至20分钟时，用颈椎脱臼法处死,立即剖腹,剥离胃肠道,测量墨汁前沿从贲门推向小肠的距离及贲门至回盲部的总长度,并计算两者的百分数。

（二）实验结果

1. 小鼠脾虚模型复制及给药后的观察

（1）体重变化:造型前三组小鼠的体重值基本齐同,造型第二天起造型组小鼠的体重增长受到抑制,造型结束时呈体重下降,而对照组体重逐渐上升,二者比较有显著差异（$P<0.05$）。

造型结束后,试药组给药第二天即表现为体重恢复明显,第三天接近对照组体重,两组比较已无显著差异（$P>0.05$）,而自然恢复组体重恢复始终慢于试药组。至造型结束后第五天才与对照组比较无显著差异（$P>0.05$）。

此外,造型组的体重变化与造型实验天数是负相关关系（$P<0.01$）,说明随着造型天数地增加体重呈下降趋势。而造型结束后二组与对照组一样,皆呈正相关关系（$P<0.01$）（表6-17）。

表 6-17 三组实验小鼠的体重（g）变化

实验天数	对照组（动物12只）	造型并试药组（动物12只）	t值	造型并自然恢复组（动物12只）	t值
	$\bar{x} \pm s$				
1	21.41±1.51	21.42±1.53	0.02	21.73±1.65	0.50
2	22.63±1.49	21.44±1.58	1.89	21.46±1.91	1.67
3	22.75±1.27	21.33±2.02	2.06	21.62±1.94	1.67
4	22.67±1.24	21.20±2.34	1.93	21.91±2.33	1.00
5	22.61±1.69	21.10±2.65	1.66	21.69±2.84	0.97
6	22.63±1.89	20.81±2.84	1.85	21.26±3.41	0.82
7	22.67±2.01	20.52±3.04	2.05	20.92±3.57	1.48
8	22.94±1.70	20.69±2.94	2.30	20.93±3.50	1.79
9	23.38±1.87	20.68±2.81	2.78	20.69±3.49	2.36
10	23.63±1.87	21.45±2.60	2.37	20.96±3.58	2.28
11	23.86±1.97	22.06±2.63	1.89	21.23±3.69	2.17
12	24.10±1.98	22.23±2.73	1.91	21.48±3.83	2.10
13	24.13±2.10	22.49±2.91	1.58	21.69±3.96	1.89
14	24.19±2.32	22.78±2.99	1.29	21.88±4.03	1.72
15	24.39±2.23	23.02±2.94	1.29	22.09±4.20	1.68

注：$t_{0.05}=2.074$

浙江中医临床名家·詹起荪

（2）体温变化：造型前三组小鼠的体温基本齐同，造型后二组的体温与对照组比较稍低（$P<0.01$），至实验结束前三组间体温无显著差别（$P>0.05$）（表6-18）。

表6-18　三组实验小鼠的体温变化

组别	鼠数	造型前（℃）（室温 22℃）	造型后（℃）（室温 24.8℃）	实验结束前（℃）（室温 22.9℃）
对照组	10	36.97±0.47	37.32±0.49	37.28±0.60
试药组	10	37.01±0.38	36.54±0.63	37.09±0.90
自然恢复组	10	36.92±0.39	36.45±0.57	37.08±1.01

（3）一般变化：造型组小鼠第二天起就出现泄泻，多为黄色溏软便，少数伴有白色脂肪样黏糊状物或稀便，明显纳呆。第三天起行动迟缓，成群蜷缩，反应迟钝，皮毛枯槁散乱竖起。第四五天起先后出现形体消瘦、四肢不收等表现。给药治疗后，试药组即以食欲大增为突出表现，第二天起大便渐转正常，其他脾虚症状亦好转，至实验结束时已基本恢复正常。自然恢复组小鼠地恢复状况参差不齐，其总地恢复时间和程度均差于试药组。

2. 小肠推进运动试验观察

观察小鼠小肠推进运动，参苓白术散组推进快于对照组（$P<0.01$），而小儿健脾扶运糖浆组的常规量不仅快于对照组，且快于参苓白术散组（$P<0.01$）。但当试药组剂量成倍增加时，其推进运动反而减弱，两者呈负相关关系（$P<0.05$）（表6-19）。

表6-19　对五组小鼠的小肠推进运动观察

	对照组	参苓白术散组	试药组（常规量）	试药组（2倍量）	试药组（4倍量）
百分数	0.63±0.16	0.86±0.12	1.00±0.00	0.73±0.11	0.60±0.10

（三）讨论

复制脾虚动物模型，为研究脾胃病和观察健脾药物的作用提供了有利的手段。近年来有关脾虚动物模型的造模方法，报道最多的是采用大黄等苦寒泻下法，但有作者认为大黄动物模型所引起的证，符合"苦寒伤阳"的理论，很近似脾气虚兼脾阳虚症，而目前儿科临床上以内伤饮食，喂养失当致脾胃受病形成脾虚泄泻者最为多见。为了更好地观察小儿健脾扶运糖浆的作用，本次实验选用黑龙江中医学院报道的饮食失节，过食肥甘法复制模型，并对原报道的加喂猪脂，数量不限，改为每日定量猪脂灌胃，小鼠出现的症状、体征，基本符合小儿脾虚证的临床表现。

一般认为，小儿脾虚泄泻总由脾胃虚弱、脾失健运所致，治以益气健脾，代表方用参苓白术散。但近来有作者认为参苓白术散只重补虚，未能顾及积滞，根据"脾健不在补贵在运"的观点，倡导重视运脾，用如苍术、山楂、六曲一类药为主。《本草崇原》说："凡欲补脾，则用白术，凡欲运脾，则有苍术，欲补运相兼，则相兼而用。"詹起荪教授根据长期儿科临床经验，认为治宜健脾扶运共施，补运二者不可偏颇，使补中有消，消中有补，补不碍滞，消不伤正。小儿健脾扶运糖浆的组成党参、白术具有强壮作用，可促进体重增加；苍术、厚朴、藿香、木香、陈皮多能增强胃肠蠕动，帮助消化，抑制肠内异常发酵，促进气体排出，部分药物在大剂量时并可抑制胃肠道的过激蠕动而具有双相调节作用；茯苓、薏苡仁有利尿作用，可使肠道水分减少，大便变稠；神曲、楂炭、谷麦芽中多含有淀粉酶等消化酶和维生素B，能促进消化代谢，增加食欲。

现代医学认为，由于饮食不当，消化吸收机能紊乱，食物积滞在小肠上部，使肠道下部细菌上窜繁殖，以致食物发酵腐败，同时肠道转运功能障碍，使水分滞留在肠腔内，从而形成了腹泻发病机制中的重要环节。从本药的实验结果来看，提示本药并不是单纯通过抑制肠蠕动来止泻，可能是通过以下几点来发挥作用：①兴奋胃肠蠕动，促使积滞食物地消化分解，破坏有利细菌繁殖的环境；②当毒素产物刺激小肠过激蠕动时，则产生抑制作用，双相调节肠道转运功能；③通过利尿作用使肠道滞留的过多水分减少，粪便性质由稀转稠；④对机体有强壮作用能增强整个消化道地消化吸收功能。其具体作用机制尚需作更深入地研究。

（沈志强）

引自：浙江中医药大学学报，1991，15（5）

健脾扶运汤的"健脾"作用研究

脾虚泄泻是小儿常见病。浙江省中医院名老中医、儿科专家詹起荪教授对本病的诊治强调健脾扶运，他的经验方——健脾扶运汤临床疗效显著。现代研究表明，脾虚患者均有不同程度的胃肠运动和消化吸收功能紊乱。本实验观察健脾扶运汤对胃肠运动及对脾虚动物模型的治疗作用。

（一）材料与方法

（1）动物：NIH小鼠，体重18～22g，雄性。新西兰家兔，体重2～2.6kg，雌雄兼用。以上动物分别由浙江医科院动物中心供给。

（2）药物：健脾扶运汤由党参、白术、苍术、藿香、川朴、木香、神曲、楂炭等组成，按常法制成100%水煎液。参苓白术丸为安庆市第一制药厂生产，用纱布包药制成100%水煎液。

（3）方法：家兔离体小肠平滑肌实验参照有关方法，用南京分析仪器厂生产的Dc-001离体器官测定仪记录肠管活动，每项实验用4～5只家兔，肠管10～15段，浴槽中的台氏液量为30ml。实验结果按广州中医学院脾胃研究室介绍的方法计算抑制百分率。小鼠小肠推进运动实验参照炭末法。饮食失节型脾虚小鼠模型参照有关方法，造型小鼠每天喂猪脂0.5ml。

（二）结果

1. 对家兔离体小肠平滑肌的作用

（1）对离体十二指肠自发活动的影响。健脾扶运汤对肠管自发活动的影响随剂量而异。在浴槽中加小剂量时（25%-1.0ml）有兴奋作用，表现为张力增强，收缩幅度加大；50%-1.0ml时，在4只家兔的10段肠管中，3段呈兴奋作用，3段无影响，4段呈轻度抑制；当加入100%-1.0ml时，4只家兔的9段肠管有7段表现为抑制，另2段肠管变化不明显。

（2）对乙酰胆碱或氯化钡引起兔回肠强直收缩后地影响。当加乙酰胆碱（10^{-5}-0.5ml）或氯化钡（2%-1.0ml）引起肠管强直性收缩时，健脾扶运汤有明显的对抗作用，且呈量效关系。抑制百分率的计算法为给上述药物后的收缩高度为h_1，给健脾扶运汤后3分钟的收缩高度为h_2，$h_1-h_2/h_1 \times 100\%$即为抑制百分率，结果见表6-20。

表 6-20　健脾扶运汤对抗乙酰胆碱或氯化钡的作用

剂量	对抗百分率（%）$\bar{x} \pm s$	
	乙酰胆碱	氯化钡
25%-1.0ml	25.02±5.37（n=10）	20.64±3.80（n=10）
50%-1.0ml	53.55±5.98（n=11）	30.12±6.13（n=10）
100%-1.0ml	79.67±6.83（n=10）	38.79±9.49（n=11）

（3）对肾上腺素引起肠管活动抑制后的影响。当加0.1%盐酸肾上腺素0.2ml引起家兔离体回肠活动抑制时，健脾扶运汤可使肠管收缩幅度稍增大或张力稍增强，但作用较弱。

2. 对小鼠小肠推进运动的影响

健脾扶运汤灌胃给药，小剂量组明显促进小鼠小肠推进运动，大剂量组则抑制，使炭末推进百分率明显下降（表6-21）。

表6-21 健脾扶运汤对小鼠小肠推进运动的影响

组别	动物数（只）	剂量（g/kg）	推进百分率（%）$\bar{x}\pm s$
对照组	20	N.S 等容量	60.32±9.31
健脾扶运Ⅰ组	20	20	80.27±7.15**
Ⅱ组	20	40	68.84±10.65*
Ⅲ组	20	80	38.91±5.68**
参苓白术丸组	20	40	49.48±12.11**

注：与对照组比较 *$P < 0.05$，**$P < 0.01$。

3. 对饮食失节型脾虚模型小鼠的治疗观察

治疗组小鼠纳呆、泄泻等脾虚症状消失较快，体温和体重均恢复较好。结果见表6-22、表6-23。

表6-22 健脾扶运汤对脾虚小鼠体温的影响

组别	动物数（只）	药物与剂量（g/kg）	体温（℃）$\bar{x}\pm s$		
			给药前	造型第8天	给药7天
对照组	12	N.S.P.O	36.97±0.47	37.32±0.49	37.28±0.60
脾虚组	12	N.S.P.O	36.92±0.39	36.45±0.57**	32.22±2.03**
		健脾扶运汤			
治疗组	12	50P.O	37.01±0.38	36.54±0.63**	37.09±0.90

注：与对照组比较 **$P < 0.01$

表6-23 健脾扶运汤对脾虚小鼠体重的影响

组别	动物数（只）	药物与剂量（g/kg）	体重（g）$\bar{x}\pm s$		
			给药前	造型第8天	给药7天
对照组	12	N.S.P.O	21.41±1.51	22.94±1.70	24.39±2.23
脾虚组	12	N.S.P.O	21.73±1.65	20.93±3.50	17.53±3.84**
		健脾扶运汤			
治疗组	12	50P.O	21.42±1.53	20.69±2.94*	23.02±2.94

注：与对照组比较 *$P < 0.05$，**$P < 0.01$

（三）讨论

脾虚失运是脾虚泄泻发生、发展的主要病机。临床所见脾虚患者因运化失常所致的诸症与胃肠功能紊乱颇为相似，而胃肠功能紊乱又与自主神经系统功能失调有关。本研究表明，健脾扶运汤对小鼠小肠推进运动及家兔离体肠管活动的影响与用

浙江中医临床名家·詹起荪

药剂量有关，也与肠管所处的机能状态有关，具有双向调节作用。小剂量主要为兴奋，大剂量主要为抑制；当肠管受乙酰胆碱或氯化钡作用而处于强直性收缩时有解痉作用，当肾上腺素抑制肠管时又有一定对抗作用。本制剂可使饮食失节型脾虚模型小鼠体重增加，体温恢复正常，以及纳呆、泄泻等脾虚症状改善。因此，调整胃肠运动功能可能是健脾扶运汤"健脾"作用的主要机理。本研究为该方的临床疗效提供实验依据。

（沈梅贞　沈志强）

引自：现代应用药学，1995，12（5）

健脾扶运汤治疗小儿脾虚泄泻的作用探讨

小儿脾虚泄泻，西医多归于慢性或迁延性腹泻，常用的一些抗生素与止泻药缺乏满意疗效。近年来中医加强了对本病的临床和实验研究，而中医传统教材一般都以健脾益气为基本治则，参苓白术散作代表方。笔者硕士导师詹起荪教授认为儿科临床上因长期饮食失宜而致本病者日渐增多，因此用自拟健脾扶运汤治疗，取得了较满意疗效。

1. 临床资料

56例门诊患儿，年龄最小6个月，最大12岁。平均5岁；主要病因调查：因长期饮食失宜者占66%，体禀不足者占23%。

治疗方法。治疗组：炒党参5g，炒白术5g，苍术3g，藿香5g，厚朴3g，煨木香2g，陈皮5g，茯苓9g，炒薏苡仁9g，神曲6g，焦山楂炭6g，炒谷麦芽6g。先将煨木香、藿香、苍术、白术、陈皮提取蒸馏液分存，再将药渣与其余药共煎两次，去渣浓缩并加入微量糖及苯钾酸钠，灭菌消毒即成浓缩液。对照组：参苓白术丸（方略）。两组疗程均为4周。

治疗结果。治疗组总有效率为94.6%，显效率为59.5%；对照组总有效率为78.9%，显效率为26.3%（$P<0.05$）。平均止泻天数：治疗组为3.28±1.12；对照组为4.6±1.39（$P<0.05$）。对部分患儿进行了尿D-木糖排泄率的测试（表6-24）。

表6-24　两组患儿治疗前后尿 D- 木糖排泄率的变化

组别	动物数（只）	治疗前$\bar{x}\pm s$	治疗后$\bar{x}\pm s$
治疗组	33	18.51±6.02	30.52±13.18
对照组	10	20.10±5.74	21.30±7.07
P 值		$P>0.05$	$P<0.01$

2. 实验研究

（1）材料与方法：①动物：NIH小鼠，体重18～22g；②药物：治疗组用健脾扶运汤制成的浓缩液，每0.4ml约含生药1g。对照组用参苓白术丸制成的丸煎剂。③方法：脾虚小鼠模型参照有关方法，每日每只灌胃精炼猪脂0.5ml，连续造型8天，第9天随机分为两组，一组每日灌胃治疗组药物，另一组灌胃等量清水令其自然恢复。小鼠小肠推进运动参照炭末法，治疗组灌胃该药物0.4ml/只，并予加倍量观察；对照组灌胃参苓白术丸煎剂。再于20分钟后灌胃墨汁，用颈椎脱臼法处死，测量墨汁前沿从贲门推向小肠的距离及贲门至回盲部的总长度，并计算两者的百分数。

（2）实验结果

1）对造模小鼠的观察：造型结束后，治疗组第2天即表现为体重恢复明显，第3天接近空白组体重。而自然恢复组好转缓慢。体温状况也类似（表6-25）。此外，治疗组给药当日即食欲大增，次日起大便渐成形。

表 6-25　健脾扶运汤对小鼠体重的影响

组别	动物数（只）	体重（g）$\bar{x} \pm s$		
		给药前	造型第 8 天	给药 7 天
空白组	12	21.41±1.51	22.94±1.70	24.39±2.23
自然恢复组	12	21.73±1.65	20.93±1.79	17.53±3.84**
治疗组	12	21.42±1.53	20.69±2.94*	23.02±2.94

注：与空白组比较 $*P < 0.05$，$**P < 0.01$

2）对小鼠小肠推进运动的影响：治疗组的常规量快于参苓白术丸对照组（$P < 0.01$）。但当治疗组剂量成倍增加时，其推进运动反而呈减弱趋势，两者呈负相关关系（表6-26）。

表 6-26　健脾扶运汤对小鼠小肠推进运动的影响

组别	动物数（只）	推进百分率（%）$\bar{x} \pm s$
空白组	20	60.32±9.31
对照组	20	49.48±12.11**
治疗组常规量	20	80.27±7.15**
治疗组 2 倍量	29	68.84±10.65*
治疗组 4 倍量	20	38.91±5.68**

注：与空白组比较 $*P < 0.05$，$**P < 0.01$

3. 讨论

詹起荪教授强调治疗本病需益气与扶运共施，使之补中有消，消中有补，补而不

浙江中医临床名家·詹起荪

滞，消不伤正。《本草崇原》说："凡欲补脾，则用白术，凡欲运脾，则有苍术，欲补运相兼，则相兼而用"。本方党参、白术益气补脾，具有强壮作用；苍术、藿香、厚朴、木香、陈皮理气助运，增强胃肠蠕动，抑制肠内异常发酵和促进气体排出；茯苓、薏苡仁健脾利湿；神曲、山楂炭、谷麦芽消食助运，促进消化代谢。

测定尿D-木糖排泄率可及时了解小肠吸收功能是否良好，本文用健脾扶运汤治疗患儿后，排泄率呈明显上升。本药理研究表明，小剂量为兴奋，大剂量为抑制，揭示该药具有双向调节功能。

（沈志强）

引自：河北中医，1997，19（4）

大 事 概 览

1919年　出生于浙江省杭州市。

1936年　毕业于浙江中医进修学校。

1940年　浙江省医师考核合格，发医师考试及格证书，独立行医于杭州詹氏儿科诊所。

1953年　任教于浙江中医进修学校。

1956年　在北京中医学院进修班学习，并参与浙江省中医院的筹建工作。

1956～1959年　任浙江省中医院中医儿科主任。

1959年　在南京中医学院高级教学研讨班学习，并参与浙江中医学院的筹建工作。

1959年　始任教于浙江中医学院。历任浙江中医学院附属门诊部（现浙江中医药大学附属第三医院）负责人，中医基础教研室主任、各家学说教研室主任、中医儿科教研室主任，以及学院医教处负责人、教务长、学院副院长、学院学术委员会副主任等职。

1979年　晋升浙江中医学院教授，被聘为中医儿科硕士研究生导师。

1983年　被评为浙江省首批名老中医。担任全国中医学会浙江分会理事、常务理事、浙江中医儿科学会主任委员。兼任杭州胡庆余堂制药厂、天目山制药厂顾问。

1991年　被评为全国首批国家级名老中医。

1992年　获得国务院特殊津贴终生享受者荣誉。

2009年　病逝于杭州，享年90岁。

附录二

学术传承脉络

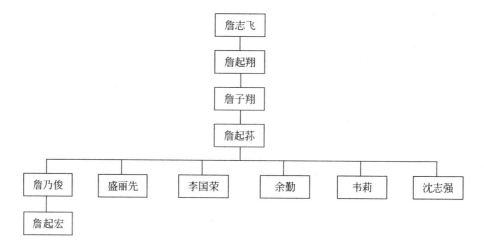